Brüning / Brüning / Zenneck

Wie ich es will

Barbara Brüning ist Professorin für die Didaktik der Philosophie und Ethik an den Universitäten Hamburg und Luxemburg.

Hans-Udo Zenneck ist Facharzt für Allgemeinmedizin, Psychotherapie und Sozialmedizin und Herausgeber verschiedener Lehrbücher zur Altenpflege.

Laura Brüning ist Juristin mit Schwerpunkt »Grundrecht und Gesundheit«.

Barbara Brüning / Laura Brüning
Hans-Udo Zenneck

Wie ich es will

10 Entscheidungen, die jeder
vor dem Lebensende treffen sollte

BELTZ

Dieses Buch ist auch als E-Book erhältlich:
ISBN 978-3-407-22262-6

MIX
Papier aus verantwortungsvollen Quellen
FSC® C089473
FSC
www.fsc.org

www.beltz.de

Lektorat: Tarek Münch
Umschlaggestaltung: www.stefanielevers.de (Gestaltung), www.stephanengelke.de (Beratung)
Satz und Herstellung: Lelia Rehm
Druck und Bindung: Beltz Bad Langensalza GmbH, Bad Langensalza
Printed in Germany

ISBN 978-3-407-85744-6
1 2 3 4 5 19 18 17 16 15

Inhalt

Vorwort 7

1. Kann ich festlegen, wie ich sterben will? 11

2. Dürfen Ärzte mein Leben verlängern? 27

3. Darf ich meinem Leben ein Ende setzen? 49

4. Wer hilft mir beim Sterben? 69

5. Wo will ich sterben? 81

6. Welche Möglichkeiten gibt es, Schmerzen zu lindern? 107

7. Welche Worte, welche Rituale passen zu mir? 131

8. Was soll mit meinem Körper passieren? 155

9. Was soll mit meinen Dingen passieren? 177

10. Wie kann ich den Menschen, die mich lieben, die Trauer leichter machen? 197

Anhang 1: **Entscheidungshilfen kompakt**

1.1 Muster Vorsorgevollmacht 215
1.2 Muster Betreuungsverfügung 220
1.3 Textbausteine für eine schriftliche Patientenverfügung 221
1.4 Checkliste für notwendige Dokumente 232
1.5 Hospiz- und Palliativdienste 232
1.6 Pflegeheime 233
1.7 Bestattung 235
1.8 Muster Erklärung zur Organspende 237
1.9 Suizidprävention 239
1.10 Suizidassistenz 239
1.11 Behördengänge 239
1.12 Trauerbegleitung 240

Anhang 2: **Gesetzestexte kompakt**

2.1 Palliativmedizinische Versorgung im Krankenhaus 242
2.2 Ambulante und stationäre Hospizleistungen 243
2.3 Spezialisierte ambulante Palliativversorgung 245
2.4 Spezialisierte ambulante Palliativversorgung in stationären Pflegeeinrichtungen (Pflegeheim) 246
2.5 Pflegebedürftigkeit 247

Quellennachweis und Literaturempfehlungen 252

Vorwort

Ein Spielplatz in Hamburg, mitten im Mai. Es duftet nach frischem Gras und Lavendel. Rundherum zwitschern Vögel, die Kinder lachen und buddeln im Sand. Plötzlich macht es »batsch«, und ein kleiner Vogel fällt vom Baum direkt in die Sandkiste. »Der bewegt sich gar nicht mehr«, sagt ein etwa vierjähriges Mädchen erstaunt. »Vielleicht schläft er ja«, antwortet ein Junge. »Vielleicht«, meint das Mädchen. »Aber der sieht so aus, als schläft er für immer.«

Beide Kinder rufen ihre Eltern. Sie sehen den toten Vogel und sagen sofort: »Nun kommt mal weg hier. Der Vogel ist tot. Wir müssen ihn fortschaffen.« Die Kinder bleiben dennoch stehen und schauen zu, wie der Papa des Mädchens den Vogel mit der Schaufel in eine Plastiktüte steckt. »Kriegt der gar kein Grab?«, fragt ein anderer Junge. »Nee, das kriegen nur Menschen«, antwortet das Mädchen. »Im Grab liegen die dann eine Weile, um sich auszuruhen, und dann fahren sie mit dem Engelstaxi in den Himmel.« Die Erwachsenen hören staunend zu, und als die Kinder schon wieder spielen, sagt eine Mutter verblüfft: »Dass sich so kleine Kinder schon mit dem Tod beschäftigen … wo sie doch mitten im Leben stehen.«

»Mitten im Leben sind wir im Tode«, schrieb Martin Luther. »Denn täglich warten auf uns mancherlei und tödliche Krankheiten und Fälle. Da sticht sich dieser, da fällt der; da wird der so verwundet, dass er sich zu Tode blutet.

(…) Die Angst vor dem Tod ist der Tod selbst und nichts anderes. Wer den Tod ganz aus seinen Gedanken vertreibt, der hat keinen Tod, er schmeckt den Tod nicht.«

Die Kinder auf dem Spielplatz haben den Tod kurz geschmeckt und dann wieder vergessen. Für viele Menschen tritt er vorwiegend in der 3. Person auf, abstrakt und anonym: als juristisches Problem der Sterbehilfe, als Diagnose im Krankenhaus oder als Thema einer Ethikkommission. Viele Menschen tun so, als könne »er« sie nicht behelligen, obwohl jeder vom Verstand her weiß, dass alle Lebewesen sterblich sind: jeder Vogel, jede Blume, jeder Mensch …

Im Gegensatz zu Kindern wird die Erkenntnis der eigenen Sterblichkeit von Erwachsenen im Alltag meist ignoriert. Denn in der 1. Person stellt der Tod seit Menschengedenken eine Quelle der Angst dar. Zugleich ist das vage Grauen mit einer Vielzahl konkreter Fragen behaftet: Dürfen Ärzte mein Leben verlängern? Wo und wie möchte ich sterben? Was geschieht mit meinem Körper und mit meinem Besitz? Welche Worte, welche Rituale entsprechen mir?

An dieser Stelle setzt unser Buch an. Statt über den Tod in der 3. Person nachzudenken, wollen wir die Betrachtungsweise auf die 1. Person richten: Was ist mir wichtig, wenn es um das Sterben geht? Wie möchte ich anderen Menschen in Erinnerung bleiben? Wo und wie beabsichtige ich meine letzte Ruhe zu finden? Was kann ich selbst tun, um bei einer todbringenden Krankheit meine Würde zu bewahren, und wie können Ärzte mir helfen, damit ich keine unerträglichen Schmerzen habe? Was dürfen sie und was dürfen sie nicht? Was ist bei Verfügungen, Vollmachten und Testamenten zu beachten?

Unsere Anregungen sollen eine Art Kompass sein, der es Ihnen erleichtert, in das Dickicht medizinischer, juristischer und ethischer Aspekte des Todes vorzudringen und die eigene Sterblichkeit zu reflektieren. Wir wollen Sie dabei mit unseren Erfahrungen aus drei verschiedenen Fachgebieten unterstützen.

Laura Brüning (Kap. 1, 4, 8, 9) hat sich als Juristin mit rechtsphilosophischen und medizinrechtlichen Fragen auseinandergesetzt. In ihrer Doktorarbeit zur gesundheitlichen Ungleichheit war es ihr ein Anliegen, die sozialen Umstände von Krankheit, Sterben und Tod zu beleuchten und sie gerechtigkeitstheoretisch und verfassungsrechtlich einzuordnen. Ihre Hinweise zeigen zwischen rechtlicher Orientierung und praktischer Relevanz die juristischen Grundlagen der Auseinandersetzung mit Leben und Tod.

Der Mediziner Hans-Udo Zenneck (Kap. 2, 5, 6) ist Herausgeber und Autor von Lehrbüchern für die Altenpflegeausbildung. Die Hilflosigkeit angesichts des Sterbens der Eltern auf einer Intensivstation, aber auch der Wunsch einer Patientin nach Tötung haben einen bleibenden Eindruck auf ihn hinterlassen. Seine Suche nach Antworten führte von der eigenen Teilnahme an Seminaren zur Sterbebegleitung hin zu entsprechenden Kursen für Altenpflegerinnen und Altenpfleger. Besuche in einem Hospiz und Gespräche mit Mitarbeiterinnen eines Teams für spezialisierte ambulante Palliativversorgung halfen, seine Ausführungen lebendig zu gestalten.

Mit den existentiellen Fragen des Sterbens hat sich Barbara Brüning beschäftigt (Kap. 3, 7, 10). Bereits während ihres Philosophiestudiums wurde sie durch ihre Tochter Janique mit der Frage konfrontiert: »Warum müssen alle

Menschen sterben?« Die Mutter einer Spielkameradin meinte daraufhin: »Das ist doch eine philosophische Frage. Kannst du die nicht beantworten?« Seit einigen Jahrzehnten philosophiert Barbara Brüning insbesondere mit Kindern über den Tod. In vielen Schulbüchern und innerhalb der Philosophiedidaktik hat sie dazu beigetragen, dass dieses Thema in Schulen kein Tabu mehr ist.

1.

Kann ich festlegen, wie ich sterben will?

Wenn ich sterbe,
Macht den Balkon nicht zu.
Das Kind isst Orangen,
Von meinem Balkon aus seh ich's.
Der Schnitter mäht Korn.
Von meinem Balkon aus spür ich's.
Wenn ich sterbe,
Macht den Balkon nicht zu.

Federico García Lorca, 1898–1936

Plötzlich nicht mehr entscheiden können

Christiane Kant bricht im Supermarkt bewusstlos zusammen und wird in das nahe gelegene Krankenhaus eingeliefert. Dort kann festgestellt werden, dass sie einen Schlaganfall erlitten hat. Frau Kant ist nicht ansprechbar und liegt nach lebensrettenden medizinischen Maßnahmen im Koma. Wie geht es nun weiter? Was können, dürfen und sollen die Ärzte tun? Christiane Kant ist nicht ansprechbar und kann deshalb keine Entscheidung treffen. Vorsorgemaßnahmen in Gestalt von Bevollmächtigungen hat sie nicht getroffen.

Aus rein rechtlicher Perspektive dürfen die Ärzte nichts tun, denn jede ärztliche Heilbehandlung stellt einen Eingriff in das Grundrecht der körperlichen Unversehrtheit dar und darf nur vorgenommen werden, wenn der Patient nach eindeutiger Klärung in die Behandlung eingewilligt hat. Ohne eine entsprechende Einwilligung oder gar gegen den ausdrücklichen oder mutmaßlichen Willen des Patienten darf eine ärztliche Behandlung nicht vorgenommen werden.

Die meisten Menschen meinen, dass die engsten Angehörigen automatisch für den Betroffenen alle erheblichen Entscheidungen und Regelungen treffen und gegebenenfalls sogar eine rechtliche Betreuung übernehmen können. Von dieser Annahme ging auch der Ehemann von Christiane Kant aus: »Wir sind seit 30 Jahren verheiratet, da werde ich ja wohl bestimmen dürfen, was mit meiner Frau passiert.«

Dies ist falsch. Damit die engsten Angehörigen Entscheidungen für den Erkrankten treffen können, bedarf es verschiedener Vorsorgemaßnahmen.

Die Vorsorgevollmacht

Anh. 1.1 Durch eine Vorsorgevollmacht kann eine Person ermächtigt werden, bestimmte Angelegenheiten für eine andere Person zu regeln. So wird der Bevollmächtigte zum Vertreter des Vollmachtgebers. Inhaltlich kann sich die Vorsorgevollmacht auf ganz unterschiedliche Angelegenheiten beziehen. Erleidet jemand einen Schlaganfall, kann aus einer Patientenverfügung entnommen werden, wie die medizinische Behandlung erfolgen soll. Ungeachtet dessen müssen häufig aber noch weitere Entscheidungen getroffen werden: Wie sind die Finanzen zu regeln? Soll der Betroffene von nun an in einem Pflegeheim leben, und wenn ja: in welchem? Anders als mit einer Patientenverfügung, die sich lediglich auf medizinische Behandlungen bezieht, kann mit einer Vorsorgevollmacht beispielsweise geregelt werden, wer über die finanziellen Angelegenheit oder den Aufenthalt bestimmen soll.

Warum eine Vorsorgevollmacht erstellen?

Grundsätzlich besteht im Krankheitsfall keine gesetzliche Vertretungsmacht von Ehepartnern oder Eltern, sodass auch die nahen Angehörigen wichtige Entscheidungen nicht treffen können. In diesem Fall muss durch das Gericht eine Person gefunden werden, welche die erkrankte Person vertreten und entsprechende Entscheidungen treffen kann. Dies ist das sogenannte Betreuungsverfahren. Will man ein solches verhindern, sollte man eine möglichst umfassende Vorsorgevollmacht erstellen. Dabei ist es möglich, unterschiedliche Bereiche speziellen Bevollmächtigten zuzuordnen. Ist beispielsweise ein Freund sehr vertraut mit Vermögensdingen, so kann dieser die Vertretung in Finanzfragen übernehmen, während sich eine andere Person um gesundheitsbezogene Angelegenheiten kümmert.

Wie muss eine Vorsorgevollmacht erstellt werden?

Hinsichtlich der Form sind keine speziellen Vorgaben zu beachten. Es ist sogar möglich, eine Vollmacht mündlich zu erteilen. Allerdings wird es in diesen Fällen für den Bevollmächtigten schwierig sein, diese Vollmacht zu beweisen. Deshalb sollte man eine Vollmachtserteilung schriftlich vornehmen. Eine notarielle Beurkundung ist nicht erforderlich, außer wenn sich die Vollmacht auf den Erwerb oder die Veräußerung von Grundstücken bezieht. Dann ist eine notarielle Beurkundung unumgänglich. Obwohl in den meisten Fällen eine notarielle Beurkundung nicht notwendig ist, sollte man – um Zweifel an der Wirksamkeit der Vorsorgevollmacht auszuschließen – einen Notar zu Rate ziehen. Die zu entrichtenden Gebühren richten sich nach der Höhe des Vermögens, das von der Vollmacht erfasst wird.

Wer soll bevollmächtigt werden?

Bei der Suche nach einem Bevollmächtigten sollten Sie darauf achten, dass die ausgewählte Person Ihr vollstes Vertrauen genießt. Bedenken Sie, dass der Vertreter im

Zweifel äußerst wichtige Entscheidungen im Sinne des Vollmachtgebers zu treffen hat. Der Bevollmächtigte sollte zudem in der Lage sein, wichtige Entscheidungen auch praktisch umzusetzen. Er muss beispielsweise Bankgeschäfte abwickeln, sich mit Behörden auseinandersetzen, ein Haus verwalten oder verkaufen können. Der Bevollmächtigte sollte zudem wissen, welche Verantwortung er übernimmt und dass er im Ernstfall gegebenenfalls viel Zeit und Mühe in die Regelung Ihrer Angelegenheiten stecken muss. Es empfiehlt sich also, mit den Menschen, die für eine Bevollmächtigung in Frage kommen, umfangreiche Gespräche zu führen, in denen die möglichen Aufgaben und Verantwortlichkeiten erläutert werden. Auf jeden Fall sollte niemand zur Ausübung einer Vollmacht gedrängt werden; der Bevollmächtigte muss die Verantwortung gänzlich freiwillig übernehmen.

Wann sollte eine Vorsorgevollmacht erstellt werden?

Für die Erstellung einer Vorsorgevollmacht gibt es nicht den einen richtigen Zeitpunkt. Nicht nur ältere Menschen sollten sich darüber Gedanken machen. Schließlich kann jeden in jedem Lebensalter eine Krankheit oder ein Unfall ereilen, sodass man selbst keine Entscheidungen mehr treffen kann. Da eine Vorsorgevollmacht nur von geschäftsfähigen Personen ausgestellt werden kann, sollte man möglichst frühzeitig eine Vollmacht erstellen.

Wo sollte die Vorsorgevollmacht aufbewahrt werden?

Da die Vorsorgevollmacht nur weiterhilft, wenn sie auch bekannt ist, sollten Sie sie im Vorsorgeregister der Bundesnotarkammer registrieren lassen. Kontaktiert beispielsweise ein Krankenhausarzt das Betreuungsgericht mit der Bitte um die Einrichtung einer Betreuung, da eine bestimmte ärztliche Maßnahme ergriffen werden muss, kann das Gericht auf die gespeicherten Daten zugreifen und dem Krankenhaus mitteilen, dass eine Vorsorgevollmacht vorliegt. Dem Arzt ist es dann möglich, den Bevollmächtigten zu kontaktieren.

Kann man eine Vorsorgevollmacht widerrufen?

Hat man einmal eine Vorsorgevollmacht erteilt, kann sie jederzeit widerrufen werden. Dies kann sogar mündlich erfolgen. Wichtig ist es jedoch, dass man das an den Vertreter ausgehändigte Vollmachtsformular zurückverlangt.

Die Betreuungsverfügung

Hat jemand keine Vorsorgevollmacht, ist im Ernstfall niemand da, der eine rechtliche Entscheidung treffen kann. Das Betreuungsgericht setzt dann einen Betreuer ein. Wenn enge Angehörige oder der Partner aus bestimmten Gründen für diese Aufgabe nicht in Frage kommen, kann dies auch eine fremde Person sein. In der Regel kommt es zu keiner Betreuungsanordnung, wenn eine Vorsorgevollmacht besteht.

Anh. 1.2

Ist der Bevollmächtigte verstorben oder benötigt er selbst eine Betreuung, ist die Vorsorgevollmacht wirkungslos. Darum ist es hilfreich, wenn eine Betreuungsverfügung besteht. So kann der Ersteller für den Fall einer Betreuungsnotwendigkeit im Voraus erklären, wer seine Betreuung im Ernstfall übernehmen soll. Allerdings wird mit der Betreuungsverfügung lediglich eine Person als Betreuer vorgeschlagen. Die Verfügung allein berechtigt die Person noch nicht zum Handeln. Erst aufgrund der Bestellung durch das Betreuungsgericht wird die vorgeschlagene Person tatsächlich zum Betreuer mit den entsprechenden Handlungsmöglichkeiten.

Neben dem Vorschlag einer Betreuungsperson können in einer solchen Verfügung auch Ausführungen zu den gewünschten Aufgaben des Betreuers gemacht und andere Wünsche geäußert werden, die der Betreuer im Ernstfall zu beachten hat. Diesbezüglich ist es beispielsweise möglich, Angaben zum Ort der Pflege oder zur Art der Versorgung zu machen. Die Wünsche hat der Betreuer im Ernstfall auszuführen, wenn sie dem Wohl des Betreuten zuträglich und dem Betreuer zumutbar sind. Das Betreuungsgericht kontrolliert die Betreuungsverfügung und nimmt auf die Vorgaben des Erstellers Rücksicht.

Welche Aufgaben nimmt ein Betreuer wahr?

Ein Betreuer kann unterschiedliche Aufgaben haben. Dabei ist es möglich, dass der Betreuer nahezu alle rechtlich erheblichen Aufgabenkreise wahrnimmt oder dass er lediglich einzelne Bereiche übernimmt. Aufgabenkreise sind die

Gesundheits-, die Vermögenssorge und die Aufenthaltsbestimmung. Zur Vermögenssorge gehört die Vertretung in finanziellen Angelegenheiten. Im Rahmen der Gesundheitssorge vertritt der Betreuer den Betreuten gegenüber Ärzten und trifft die notwendigen Entscheidungen über medizinische Behandlungen oder ärztliche Eingriffe. Der Betreuer hat sich bei diesen Entscheidungen stets am Willen des Betreuten zu orientieren. Deshalb muss sich der Betreuer auch an eine Patientenverfügung halten, wenn eine solche besteht. Ist der Wille des Betreuten nicht bekannt, hat der Betreuer bei weitreichenden medizinischen Entscheidungen die Zustimmung des Betreuungsgerichts einzuholen. Zum Aufgabenkreis der Aufenthaltsbestimmung gehört letztlich die Regelung sämtlicher Wohnungsangelegenheiten.

Wer soll mein Betreuer werden?

Wer in einer Betreuungsvollmacht als Betreuer benannt wird, obliegt einzig und allein dem Aussteller der Betreuungsvollmacht. Häufig werden enge Vertrauenspersonen wie Geschwister, Partner oder Freunde ausgewählt. Aber auch Menschen, die über keine entsprechenden Vertrauenspersonen verfügen, können eine Betreuungsvollmacht aufsetzen. Bei der Suche nach einem Betreuer ist es möglich, sich an verschiedene Einrichtungen zu wenden. Bei Betreuungsvereinen finden sich ehrenamtliche Betreuer. Auch kirchliche Einrichtungen wie die Caritas oder die Diakonie verfügen über ehrenamtliche Betreuer, an die man mit seinem Anliegen herantreten kann. Teilweise können auch spezielle Anwälte bei der Suche nach einem Betreuer behilflich sein.

Wann sollte man eine Betreuungsverfügung aufsetzen?

Anders als bei der Vorsorgevollmacht muss der Ersteller der Betreuungsverfügung nicht geschäftsfähig sein. Hier reicht es aus, dass der Erklärende seine Wünsche und Absichten erklärt. Dennoch ist es ratsam, die Betreuungsverfügung im Zustand der Geschäftsfähigkeit aufzusetzen. Dies gewährleistet, dass auch der tatsächliche Wille des Betroffenen abgebildet wird und es zu keinen Widersprüchen kommt. Die Betreuungsverfügung bedarf keiner bestimmten Form, dennoch sollte sie zu Beweiszwecken schriftlich verfasst sein und mit Ort und Datum der Ausstellung versehen werden. Ferner sollte eine eigenhändige Unterschrift erfolgen.

Wo soll die Betreuungsverfügung verwahrt werden?

Im Ernstfall muss das Betreuungsgericht umgehend von der Betreuungsverfügung in Kenntnis gesetzt werden. Um dies zu gewährleisten, sollte die Verfügung so aufbewahrt werden, dass die Angehörigen jederzeit Zugriff auf das Schriftstück haben. Aus diesem Grund sollten sowohl die Angehörigen als auch der potentielle Betreuer über den Aufbewahrungsort in Kenntnis gesetzt werden. In einigen Bundesländern (Bayern, Bremen, Hessen, Niedersachsen,

Saarland, Sachsen, Sachsen-Anhalt, Thüringen) ist es zudem möglich, die Betreuungsverfügung beim Amtsgericht des jeweiligen Wohnsitzes zu hinterlegen. Ferner kann eine Information über das Vorliegen einer Betreuungsverfügung beim zentralen Vorsorgeregister der Bundesnotarkammer hinterlegt werden.

Vorsicht, Missbrauch!

Sowohl im Rahmen von Vorsorgevollmachten als auch von Betreuungsverfügungen kommt es immer wieder zu Missbräuchen. Die Wünsche der Ersteller werden nicht berücksichtigt und Bevollmächtigter oder Betreuer bereichern sich selbst. Deshalb sollte man nur Menschen bevollmächtigen oder als Betreuer vorschlagen, zu denen man uneingeschränktes Vertrauen hat. Darüber hinaus scheint die Betreuungsverfügung etwas sicherer zu sein, da der Betreuer – anders als der durch eine Vorsorgevollmacht Bevollmächtigte – letztlich immer noch der Kontrolle des Betreuungsgerichts unterliegt.

Die Patientenverfügung

Ist eine ärztliche Behandlung nötig, muss der Patient dieser zustimmen bzw. in diese einwilligen. Täte der Patient dies nicht, wäre die Handlung des Arztes rechtswidrig. Ist der Patient ansprechbar, stellt die Notwendigkeit einer Einwilligung kein Problem dar, da der Patient seine Wünsche hinsichtlich der Behandlung deutlich machen kann. Ein

Anh. 1.3

Problem ergibt sich erst, wenn eine ärztliche Behandlung geboten ist, der Patient seinen Willen aber nicht mehr mitteilen kann. An dieser Stelle hilft die Patientenverfügung weiter. So kann im Voraus bestimmt werden, in welchen Situationen welche Behandlungen vorgenommen werden sollen und welche nicht. Liegt einem Arzt eine entsprechende Patientenverfügung vor, ist er gezwungen, sich nach deren Inhalt zu richten. Das kann im Ernstfall bedeuten, dass er lebenserhaltende Maßnahmen unterlassen muss, da der Patient eben diese Handlungen gerade nicht wünscht. Die Überzeugung des Arztes und auch der Angehörigen spielt dann keine Rolle.

Die Patientenverfügung unterscheidet sich von der Vorsorgevollmacht und der Betreuungsverfügung dadurch, dass diese sich nur auf die Regelung von ärztlichen Behandlungen bezieht. Adressaten einer Patientenverfügung sind in erster Linie die behandelnden Ärzte; möglich ist es aber auch, die Verfügung an eine bevollmächtigte Person zu richten, die sich sodann für die Umsetzung der dargelegten Entscheidungen und Wünsche einsetzen soll.

Überlegungen zu Sterben und Tod vor der Erstellung einer Patientenverfügung

Bevor Sie eine Patientenverfügung aufsetzen, um Ihre Wünsche hinsichtlich einer ärztlichen Behandlung im Falle einer ernsthaften Erkrankung festzulegen, sollten Sie sich Zeit nehmen und sich selbst fragen, was Ihnen im Zusammenhang mit Erkrankungen, Leiden, Sterben und Tod wichtig ist. Formulieren Sie Ihre Ängste und erfragen Sie, was Sie sich für Ihr Lebensende wünschen. Dabei sollte es wirklich nur um die eigenen Wünsche und nicht um die Erwartungen und Vorstellungen anderer Personen, wie dem Partner oder anderer Angehöriger, gehen, denn Vorstellungen, Wünsche und Ängste im Hinblick auf das Sterben und den Tod sind höchst individuell und unterschiedlich. Gerade weil wenige Ereignisse im Leben so persönlich sind, sollten Sie sich nicht von fremden Erwägungen leiten lassen, sondern Ihre eigenen Anliegen herausfinden. Während der eine möchte, dass im Falle eines Unfalls oder einer lebensbedrohlichen Erkrankung alles medizinisch Mögliche getan wird, damit das Leben erhalten werden kann, lehnen andere das Aufbieten aller technischen und medizinischen Optionen ab, da sie dies als überflüssiges Hinauszögern des Sterbens und Verlängerung von Leiden empfinden.

Selbst Verantwortung übernehmen

Die Niederschrift der eigenen Vorstellungen und Wünsche in einer Patientenverfügung führt dazu, dass Sie selbst die Verantwortung für Ihr Lebensende übernehmen und diese nicht den Verwandten oder dem Partner auferlegen. Durch ein solches Dokument werden die Mitmenschen entlastet. Denn gerade diese sind es, die sich besonders um ihre Angehörigen und Freunde sorgen. Müssen sie in einer schwierigen Situation herausfinden, was der Wille des Betroffenen gewesen sein könnte, stellt diese Entscheidung über das Leben oder das Sterben eine zusätzliche Belastung dar. Gerade diesen Menschen ersparen Sie durch das deutliche

Abfassen der eigenen Wünsche Zweifel und Selbstvorwürfe. Die Frage »Habe ich genug getan?« müssen sich die Hinterbliebenen nicht stellen, da Sie selbst über Ihr Leben und Sterben bestimmt haben. Dennoch können Sie genauso gut bewusst auf das Abfassen einer Patientenverfügung verzichten, Sie müssen die entsprechenden Entscheidungen für die ärztliche Behandlung am Lebensende nicht übernehmen.

Ärztlichen Rat einholen

Wenn jemand bereits an einer schweren Krankheit erkrankt ist, die möglicherweise zum Tode führt, kann eine Patientenverfügung detailliert Auskunft darüber geben, welche Behandlungsmethoden man sich wünscht und welche man ablehnt. Hier bietet es sich an, mit einem Arzt genau zu besprechen, welches ärztliche Vorgehen und welche Medikamente im Rahmen der speziellen Erkrankung regelmäßig angezeigt sind, welche Risiken und welche Vorteile bestehen. Helfen können auch Gespräche mit Patientenberatern, Hospizvereinen oder Krankenhäusern. Vor dem Hintergrund dieser Informationen ist es möglich, genau festzulegen, was den eigenen Wünschen entspricht. Dabei sollte der Verfasser benennen, welche Folgen der Krankheit der Betroffene für sein weiteres Leben akzeptieren kann und welche nicht. Darüber hinaus ist es für die behandelnden Ärzte hilfreich, wenn nicht nur konkreten Behandlungsmaßnahmen zugestimmt oder widersprochen wird, sondern in der Patientenverfügung zudem Ausführungen zu persönlichen Wertvorstellungen, Lebenshaltungen, religiösen Anschauungen, Hoffnungen oder Ängsten formuliert sind. Diese Ausführungen sind insbesondere dann wichtig, wenn die in der Patientenverfügung konkret geschilderte Situation nicht identisch mit der tatsächlich in der Patientenverfügung beschriebenen ist. Die dargelegten Hoffnungen, Wertvorstellungen und Ängste können eine wertvolle Ergänzung zu der eigentlichen Patientenverfügung sein. Bei der konkreten Formulierung der Patientenverfügung kann das Beispiel einer Patientenverfügung im Anhang dieses Buches helfen.

Die Formvorschriften für eine Patientenverfügung

Die gesetzliche Regelung der Patientenverfügung sieht vor, dass eine Patientenverfügung schriftlich verfasst und durch Namensunterschrift eigenhändig oder durch ein von einer Notarin oder einem Notar beglaubigtes Handzeichen unterzeichnet werden muss. Ferner muss der Aussteller einer Patientenverfügung volljährig sein; Minderjährige können eine Patientenverfügung nur durch ihre gesetzlichen Vertreter, also in der Regel die Eltern, ausstellen.

Bin ich an meine Patientenverfügung gebunden?

Wenn man eine Patientenverfügung aufgesetzt hat, heißt dies nicht, dass man an diese ein für alle Mal gebunden ist. Die Verfügung kann jederzeit formlos – d. h. auch mündlich – widerrufen werden. Da man eine Patientenverfügung folglich auch revidieren kann, empfiehlt es sich, die Verfügung in regelmäßigen Abständen zu kontrollieren und gegebenenfalls zu erneuern. Ein Grund dafür könnte beispielsweise sein, dass man seine persönlichen Haltungen und Einstellungen geändert hat oder sich die Medizin und die Heilmethoden geändert haben. Vorgeschrieben ist eine Erneuerung in bestimmten zeitlichen Abständen jedoch nicht.

Wo bewahre ich meine Patientenverfügung auf?

Eine Patientenverfügung sollte so aufbewahrt werden, dass im Ernstfall diejenigen, die sie benötigen – insbesondere Ärzte, Rettungshelfer, Bevollmächtigte, Betreuer und gegebenenfalls das Betreuungsgericht – schnell Kenntnis von der Existenz der Verfügung erhalten. Einige Menschen tragen deshalb einen Hinweis zum Aufbewahrungsort oder die Patientenverfügung selbst in ihrem Geldbeutel bei sich.

2.

Dürfen Ärzte mein Leben verlängern?

Das Bett stand wieder an der früheren Stelle, mitten im Zimmer, mit dem Kopfende zur Wand. Auf der linken Seite, mit Mamas Arm verbunden, stand ein Infusionsapparat. Aus ihrer Nase führte ein durchsichtiger Plastikschlauch, der über komplizierte Apparaturen in ein Gefäß mündete. Ihre Nasenflügel waren eingefallen, ihr Gesicht war weiter zusammengeschrumpft; es drückte verzweifelte Ergebenheit aus. (…) »Soll das vielleicht in ihrem Magen bleiben?«, fragte N. aggressiv und zeigte auf das Glasgefäß, das mit einer gelblichen Masse gefüllt war. Ich antwortete nichts. Auf dem Flur erklärte er: »Am frühen Morgen hatte sie keine vier Stunden mehr zu leben. Ich habe sie wieder zum Leben erweckt.«
Ich wagte nicht ihn zu fragen: warum?

Simone de Beauvoir, 1908–1986

Von einer Sekunde auf die nächste

Am 29. Dezember 2013 erlitt der ehemalige Formel-1-Rennfahrer Michael Schumacher bei einem Skiunfall ein schweres Schädel-Hirn-Trauma. Meist kommt es als erste Reaktion zu einem Anschwellen des Hirns, welches sich damit in der Schädelhöhle selbst unter Druck setzt, sodass eine Zerstörung der Nervenzellen droht. Bei Schumacher gab es außerdem Prellungen und Quetschungen des Gehirns sowie Einblutungen in den Schädel, die ebenfalls zu einer Bedrängung des Hirns führten.

Die heute übliche Behandlung wurde umgehend eingeleitet. Michael Schumacher wurde in ein künstliches Koma, d.h. einen steuerbaren Zustand der Bewusstlosigkeit, versetzt, erhielt also eine Art von Dauernarkose, wurde künstlich beatmet und ernährt. Die Ärzte taten alles technisch Mögliche in Übereinstimmung mit dem Willen der Familie und mutmaßlich auch dem Willen Michael Schumachers, um sein Leben zu retten und ihn physisch und mental zu stabilisieren.

Am 16. Juni 2014 wurde der Presse mitgeteilt, dass Michael Schumacher aus dem Koma erweckt worden sei und die Klinik verlassen habe, um eine Rehabilitationsbehandlung zu beginnen. Einige Monate später kehrte er in sein Zuhause zurück, wo ein Team von Ärzten, Pflegekräften und Therapeuten seine Rehabilitation unterstützt.

Es ist nicht bekannt, ob Michael Schumacher eine Patientenverfügung hatte. Das professionelle Vorgehen und die Einigkeit, welche sowohl die Managerin als auch die Familie in der Situation erkennen ließen, lässt aber darauf schließen, dass die Beteiligten über Willen und Wünsche unterrichtet waren. Es ist kaum denkbar, dass jemand, der beruflich immer wieder an Grenzen sowohl technischer wie auch persönlicher Art geht, der umgangssprachlich »voll am Limit« lebt, nicht nachdenkt über Unfälle und den möglichen eigenen Tod. Aber dafür muss man kein Extremsportler sein.

Von einer Sekunde auf die nächste war der einsame Beherrscher modernster Technik angewiesen auf Ärzte und Apparate. Viele Menschen schockierte das vermutlich auch deshalb, weil es Michael Schumacher nicht auf der Rennstrecke getroffen hatte, sondern in seiner Freizeit, was deutlich machte, wie fragil jeder von uns ist.

Ein ganz anderes Schicksal hatte der britische Bauingenieur Tony Nicklinson, der nach einem Schlaganfall ebenfalls einen Hirnschaden erlitt, der zu einem Locked-in-Syndrom führte. In diesem Zustand ist ein Mensch zwar bei Bewusstsein, jedoch körperlich fast vollständig gelähmt und somit nicht in der Lage, sich sprachlich oder durch Bewegungen verständlich zu machen. Der Hörsinn ist völlig intakt. Nur Fragen auf Ja oder Nein können manche Erkrankte durch Augenbewegungen oder Augenzwinkern beantworten.

Auch Tony Nicklinson war nach Überleben des akuten Ereignisses auf technische Hilfen zum Weiterleben angewiesen, besonders auf eine künstliche Ernährung mittels Sonde. Nach Aussagen seiner Tochter war aus einem »lauten, aktiven Ex-Rugbyspieler« ein bloßer »Jemand« geworden, »an den Rollstuhl gefesselt, der den ganzen Tag auf den Fernseher starrte«.

Ein Zustand, den Nicklinson unerträglich fand und den er durch konsequente Nahrungs- und Flüssigkeitsverweigerung am 20. August 2012 selbst beendete. Gerichte hatten seine Anträge auf Einstellung der künstlichen Ernährung abgewiesen.

Fangnetz für das Leben

Auf den ersten Blick haben wir es mit zwei ganz unterschiedlichen Fällen zu tun: Michael Schumacher kämpft mit Unterstützung von Familie, Ärzten, Pflegefachkräften und Physiotherapeuten um seine Genesung. Tony Nicklinson wendet sich gegen eine Fortführung von Pflegemaßnahmen und Gerichtsbeschlüsse. Bei näherer Betrachtung handelt es sich in beiden Fällen um überaus starke Charaktere, die entschlossen sind, alles zu tun, um ihren ganz persönlichen Weg zu gehen. Beide setzen sich zur Wehr, kämpfen für die Durchsetzung ihrer persönlichen Ziele. Der eine für ein Weiterleben mit möglichst geringen Einschränkungen, der andere für ein Sterben nach den eigenen Vorstellungen.

Es ist faszinierend, wie aufgrund verbesserter technischer Möglichkeiten sowohl der Diagnostik als auch der Therapie erhebliche Zugewinne an Lebensqualität und Lebensdauer erzielt werden. Die meisten Menschen akzeptieren dies oder sehen es positiv. In Gesprächen mit Freunden bekam ich Folgendes zu hören:

»Ich freue mich jeden Tag, dass das Leben meines Sohnes wegen der Apparate gerettet werden konnte – die Intensivstation, die Notoperation, alles wäre ohne Apparate nicht möglich gewesen. Auch beim Herzinfarkt meines Vaters bin ich dankbar, dass es Apparate gibt, die ihn vor dem Tod bewahrt haben. Mir vorzustellen, dass mein eigener Herzschlag durch einen Apparat gesteuert wird, damit ich leben kann, macht mir keine Angst. Mag sein, dass, wenn ich so etwas selbst einmal erleben müsste, ich anders darüber denke, im Moment empfinde ich es als Fangnetz fürs Leben.«

Laut Untersuchungen der Augsburger Universität sind 76 Prozent von rund 1.400 Befragten der Auffassung, dass der Einsatz von Apparatemedizin ein Qualitätsmerkmal für gute ärztliche Versorgung ist. Allerdings fordern sie gleichzeitig eine verbesserte Information darüber, was mit ihnen geschieht. 60 Prozent möchten wissen, welche Belastungen zum Beispiel mit dem Einsatz von Apparaten verbunden sind und welche therapeutischen Konsequenzen daraus erwachsen.

Viele Menschen sind also nicht bereit, die »Segnungen« der Medizin ungefragt oder besser unhinterfragt zu akzeptieren, sondern wollen wissen, was auf sie zukommt, um sich entscheiden zu können. Das Schlagwort vom »mündigen Patienten« illustriert dies. Mit Unterstützung der Krankenkassen wird zum Beispiel vor Operationen zunehmend eine zweite Meinung eingeholt, um einzugrenzen, ob der Vorschlag zur Operation eher der Umsatzsteigerung des Krankenhauses dient oder ob es sich um einen notwendigen Eingriff handelt.

Apparate überall

Der Begriff der »Apparatemedizin« ist auch Metapher für ein unklares Unbehagen gegenüber den technischen Möglichkeiten der Medizin, welche als bedrohlich empfunden werden, weil sie zunehmend weniger Handlungsmöglichkeiten lassen. Besonders der Aspekt des Überlebens in Abhängigkeit von Maschinen spielt dabei eine Rolle und die Angst, damit nicht endendem Leiden ausgesetzt zu werden.

Dies erstaunt, wenn man erfährt, wie selbstverständlich Menschen Eingriffe an sich vornehmen lassen, die keinerlei medizinische Notwendigkeit haben, wie der wachsende Markt der »Schönheitsoperationen« zeigt. Und wenn man sich vergegenwärtigt, wie euphorisch hochkomplexe technische Geräte begrüßt werden, die sich immer fester in unserem Alltag etablieren.

So vertrauen Menschen zunehmend den Informationen von Smartphone-Apps und Navigationsgeräten und fühlen sich unsicher, sobald ihnen diese technische Unterstützung fehlt. Der Verlust oder die Fehlfunktion von Smartphones kann Jugendliche in regelrechte Krisen stürzen. Immer neue technische Möglichkeiten, besonders im Bereich Kommunikation und Unterhaltung, befördern seit Jahren einen entsprechenden Kaufrausch.

Im Bereich Mobilität ist das Vertrauen in Technik besonders ausgeprägt. Autos sind mittlerweile mit Funktionen ausgerüstet, die nur Fachleute wirklich verstehen. Sie laufen weitgehend im Hintergrund und führen dazu, dass Autofahrer sich in physikalische Grenzbereiche begeben, wenn ihr Fahrzeug automatisch bremst oder die Antriebslast verteilt. In solchen Fällen fühlen sich die wenigsten Menschen der Technik hilflos ausgesetzt. Liegt es eventuell an der Position? Vermittelt der Griff ans Lenkrad auch das Gefühl, alles im Griff zu haben?

Lunge aus Eisen

Die wenigsten Menschen haben gegen Apparatemedizin etwas einzuwenden, wo es um Diagnostik geht und der Wunsch besteht, möglichst genau über sich selbst Bescheid zu wissen. Hier möchten die Menschen offensichtlich das Beste in der Hoffnung, Klarheit für weitere Entscheidungen zu erlangen. Auch wenn es um den Erhalt bestehender gesundheitlicher Fähigkeiten geht und der Gedanke an ein Lebensende noch weit weg ist, greift man gerne auf apparative Diagnostik zurück. Deutlicher Ausdruck hierfür ist die zunehmende Erhebung vitaler Daten, wie sie zahlreiche Apps und Geräte mittlerweile anbieten, um sportliche Leistungen zu messen.

Ambivalenz und Ablehnung begegnen Apparaten, sobald es um intensivmedizinische Interventionen geht, d. h. um Einsätze mit dem Ziel, Leben zu erhalten, entweder in Form kurzfristiger Akutinterventionen, zur Überwindung von Krisen oder auch langfristig zur Erhaltung von wichtigen Organfunktionen. Besonders im letzten Fall werden Ängste wach, Maschinen oder technische Hilfsmittel könnten zu einer ungewünschten Lebensverlängerung führen.

Die Geschichte der Apparatemedizin beginnt im Jahr 1928, als eine Erfindung des amerikanischen Ingenieurs Philip Drinker erstmals an einem achtjährigen Mädchen mit schwerer Kinderlähmung (Poliomyelitis) zum Einsatz kam: eine Beatmungsmaschine, die wenig später den Namen »Eiserne Lunge« erhielt. Auch wenn das Kind wenig später an einer Lungenentzündung starb, hatte sich das Prinzip als erfolgversprechend erwiesen. 1929 gab es den ersten Behandlungserfolg.

Die Eiserne Lunge war ein großes tonnenförmiges Gebilde mit einem Bett, in dem der Patient bis zum Hals lag. Seitliche Öffnungen ermöglichten die Körperpflege. Das Prinzip bestand in wechselndem Über- und Unterdruck in der Maschine, welcher den Brustkorb zu Bewegungen zwang, sodass die Lunge gefüllt und entleert wurde.

Während einer schweren Polio-Epidemie wurden Beatmungszentren eingerichtet, die man als Vorläufer der heutigen Intensivstationen sehen kann. Eiserne Lungen wurden bis Anfang der 1970er Jahre hergestellt. Ab 1955 gab es Beatmungsgeräte, welche die Luft über einen in die Luftröhre eingelegten Schlauch direkt in die Lungen bliesen.

Die längste Zeit in einer Eisernen Lunge verbrachte die Australierin June Margaret Middleton, die infolge einer Kinderlähmung vom 5. April 1949 bis zu ihrem Tod am 29. Oktober 2009 auf diese Maschine angewiesen war. Trotz absoluter Pflegebedürftigkeit wegen einer Lähmung aller vier Gliedmaßen und Abhängigkeit von der Maschine zeigen Fotos eine lächelnde Frau. Sie selbst sagte zu ihrer Situation: »Es ist schwer zu erklären, aber es ist das, was du tun musst. Mach das Beste daraus, überwinde die Hindernisse auf dem Weg.«

Technik in der Medizin

In nahezu allen Bereichen unseres Alltags verfolgen wir gespannt, was es an neuen technischen Spielereien gibt und wie wir unser Leben oder zumindest Abläufe damit erleichtern können. In beruflichen Zusammenhängen müssen wir uns laufend den neusten Stand der Technik erarbeiten.

Auch in nahezu allen Bereichen der Medizin und gesundheitlichen Versorgung kommt Technik zum Einsatz. Das beginnt schon mit dem Besuch beim Hausarzt, der häufig über technische Geräte verfügt, beispielsweise zur Abklärung von Herzerkrankungen ein EKG-Gerät einsetzt. Technische Methoden werden genutzt zur Suche nach Ursachen von Krankheiten und Organfehlfunktionen. Hier ermöglichen sie etwa Einblicke in den Körper oder die Überprüfung von Organfunktionen und liefern damit zunehmend die Grundlage für Entscheidungen des Arztes.

Trotz der damit teilweise verbundenen Unannehmlichkeiten vermitteln die technischen Untersuchungsmethoden das Gefühl, dass alles Mögliche unternommen wird, Beschwerden auf den Grund zu gehen. In der Regel besteht eher der Wunsch nach Ausschöpfung sämtlicher Möglichkeiten, um sicher zu sein, dass nichts übersehen wurde.

Auch operative Eingriffe werden auf vielfältige Art und Weise von Technik unterstützt, bis hin zur Übernahme von Teilbereichen durch Roboter. Kaum jemand wird darauf verzichten wollen, nach einem Gelenkersatz bei schwerer Hüftgelenksarthrose wieder schmerzfrei gehen zu können. Oder mit einer Prothese versorgt zu werden, die in ihrer Funktionstüchtigkeit einer verlorenen Gliedmaße möglichst nahekommt.

Technische Verfahren dienen aber auch der Unterstützung von Organen und Organsystemen und zur Lebensrettung und Lebenserhaltung nach Unfällen und schweren chirurgischen Eingriffen. Der Unterschied zur Diagnostik liegt darin, dass wir es hier mit einem Bereich zu tun haben, der meist dem Wollen oder Nichtwollen entzogen ist. Bei diagnostischen Maßnahmen ist es in der Regel noch möglich, selbst zu entscheiden und alternative Wege der Klärung in Erwägung zu ziehen – wenn es um gesundheitliche Krisen oder lebensbedrohende Situationen geht, sind solche Optionen nicht mehr gegeben. Die Faszination des Möglichen weicht hier der Angst vor Hilflosigkeit, vor der Unmöglichkeit, den Prozess zu steuern. Ist das der Preis, den wir zahlen müssen für unser Selbstbild als starke, alles im Griff habende Menschen?

Hollywood versteht sich darauf, Emotionen zu wecken und zu gruseln, dazu gehört auch ein Gefühl der Angst ohne wirkliche Bedrohung. Szenen auf einer Intensivstation eignen sich besonders gut zur Spannungssteigerung. Schon der Anblick von Überwachungsmonitoren, Infusionsständern, Zu- und Ableitungen, Beatmungsgeräten, verbunden mit Maschinengeräuschen und akustischen Signalen, vermittelt ein Gefühl des Ausgesetztseins. Die ruhiggestellten Menschen im Mittelpunkt dieses Geschehens sind diesem offenkundig wehrlos ausgesetzt.

Objektiv ist das sicherlich so, dies aber eingebunden in einen Rahmen von professioneller Fähigkeit und Berufsethik, gesetzlichen Festlegungen, gesellschaftlichen Übereinkünften, eventuellen Festlegungen von Seiten des Betroffenen oder seiner Angehörigen.

Ärzte im Zugzwang

Jede medizinische Handlung ist an die Einwilligung des Patienten gebunden. Entweder erfolgt diese durch sein

Handeln oder durch eine schriftliche Zustimmung. Voraussetzung ist immer die Erläuterung der Maßnahme. Im Falle einer Blutentnahme reichen zum Beispiel die Ankündigung und das zustimmende Ausstrecken des Armes. Bei Operationen ist vorher eine schriftlich durchgeführte »Aufklärung« erforderlich, die insbesondere auf die Risiken des Eingriffs eingeht. Je weniger erforderlich der Eingriff ist (z. B. sogenannte Schönheitsoperationen), desto intensiver muss die Risikoaufklärung sein. An die Aufklärung werden juristisch hohe Anforderungen gestellt. Nur wenn diese erfüllt sind, der Patient also wirklich informiert war, gilt seine ebenfalls schriftliche Zustimmung. Es ist also jederzeit möglich, eine Maßnahme abzulehnen, schlicht Nein zu sagen.

Anders liegt der Fall, wenn die Einwilligung nicht gegeben werden kann. Auch dann müssen Ärzte zunächst handeln. Gemäß der Berufsordnung müssen sie das Leben erhalten und die Gesundheit schützen.

Die Berufsordnung für die in Deutschland tätigen Ärztinnen und Ärzte von 2011 verpflichtet diese auf den Hippokratischen Eid in Form des Genfer Gelöbnisses. Hier heißt es unter anderem: »Ich werde meinen Beruf mit Gewissenhaftigkeit und Würde ausüben. Die Erhaltung und Wiederherstellung der Gesundheit meiner Patientinnen und Patienten soll oberstes Gebot meines Handelns sein.«

§ 1 (2) der Berufsordnung präzisiert dann: »Aufgabe der Ärztinnen und Ärzte ist es, das Leben zu erhalten, die Gesundheit zu schützen und wiederherzustellen, Leiden zu lindern, Sterbenden Beistand zu leisten und an der Erhaltung der natürlichen Lebensgrundlagen im Hinblick auf ihre Bedeutung für die Gesundheit der Menschen mitzuwirken.«

§ 2 (2): »Sie haben dabei ihr ärztliches Handeln am Wohl der Patientinnen und Patienten auszurichten. Insbesondere dürfen sie nicht das Interesse Dritter über das Wohl der Patientinnen und Patienten stellen.« Das heißt, in die Entscheidungen dürfen keine von außen kommenden Anweisungen, zum Beispiel ökonomischer Art, einbezogen werden.

Auch für den Arzt gilt die im Strafgesetzbuch geregelte Pflicht zur Hilfeleistung. Darin unterscheidet sich seine Situation nicht von unserer, wenn wir nach unserem Erste-Hilfe-Kurs zum Beispiel an eine Unfallstelle kommen. Ohne Wissen um die Wünsche des Patienten gibt es für den Arzt gar keine Alternative zum Handeln.

Erst wenn die Situation im günstigen Fall stabilisiert ist, kann ein Nachdenken über das weitere Vorgehen erfolgen. Erst dann können die Vorgeschichte, bestehende Erkrankungen, körperlicher Zustand und Prognose zu einem Bild werden, welches das weitere Vorgehen bestimmt. Dann werden die Informationen über den Willen des Patienten durch die An- und Zugehörigen wichtig.

Oft lässt sich aber der mutmaßliche Wille nur abstrakt aus dem »gesunden Menschenverstand« ableiten, weil im akuten Augenblick keine Familie oder Freunde anwesend sind, die Auskunft über das Wollen des Betroffenen geben könnten.

Vorsorge treffen

Um selbst bestimmen zu können, an welcher Stelle eine Behandlung beendet wird, müssen Sie eine Patientenverfügung verfassen. Hierzu legt das Betreuungsrecht seit 18. Juni 2009 fest: »Hat ein einwilligungsfähiger Volljähriger für den Fall seiner Einwilligungsunfähigkeit schriftlich festgelegt, ob er in bestimmte, zum Zeitpunkt der Festlegung noch nicht unmittelbar bevorstehende Untersuchungen seines Gesundheitszustandes, Heilbehandlungen oder ärztliche Eingriffe einwilligt oder sie untersagt (Patientenverfügung), prüft der Betreuer, ob diese Festlegungen auf die aktuelle Lebens- und Behandlungssituation zutreffen. Ist dies der Fall, hat der Betreuer dem Willen des Betreuten Ausdruck und Geltung zu verschaffen.«

Der Bundesgerichtshof bestätigt in seinem Urteil vom 25. Juni 2010 die rechtliche Verbindlichkeit von Patientenverfügungen:

»Sterbehilfe durch Unterlassen, Begrenzen oder Beenden einer begonnenen medizinischen Behandlung (Behandlungsabbruch) ist gerechtfertigt, wenn dies dem tatsächlichen oder mutmaßlichen Patientenwillen entspricht (§ 1901a BGB) und dazu dient, einem ohne Behandlung zum Tode führenden Krankheitsprozess seinen Lauf zu lassen.«

Beides wird berücksichtigt in den Grundsätzen zur ärztlichen Sterbebegleitung der Bundesärztekammer vom 21. Januar 2011: »Liegt eine Patientenverfügung im Sinne des § 1901a Abs. 1 BGB vor (vgl. VI.2.), hat der Arzt den Patientenwillen anhand der Patientenverfügung festzustellen. Er soll dabei Angehörige und sonstige Vertrauenspersonen des Patienten einbeziehen, sofern dies ohne Verzögerung möglich ist. Trifft die Patientenverfügung auf die aktuelle Behandlungssituation zu, hat der Arzt den Patienten entsprechend dessen Willen zu behandeln. Die Bestellung eines Betreuers ist hierfür nicht erforderlich.« Ärzte dürfen

Ihr Leben also nicht verlängern, wenn Sie das nicht wollen. Voraussetzung ist, dass Ihr Wille deutlich gemacht wird.

Für den Fall der eigenen Entscheidungsunfähigkeit durch Unfall oder Krankheit gibt es außerdem die Möglichkeit einer Vorsorgevollmacht, die eine Person Ihres Vertrauens beauftragt, den behandelnden Ärzten gegenüber Ihren Willen darzulegen und seine Durchsetzung im Sinne der gesetzlichen Regelungen sicherzustellen. Anh. 1.1

Soll mit einer Patientenverfügung die eigene Entscheidung möglichst zweifelsfrei festgelegt werden, muss diese alle möglichen Entscheidungssituationen erfassen und diesen jeweils die eigene Entscheidung zuordnen. Hierfür ist es unerlässlich, sich mit den Möglichkeiten der Medizin auseinanderzusetzen, um jeweils deren Einsatz oder auch deren Nichteinsatz entscheiden zu können.

Menschen, die wegen gravierender Erkrankungen in ärztlicher Behandlung sind, sollten dafür den Rat ihres betreuenden Arztes suchen und die Verfügung an die jeweilige Situation, aber auch ihre jeweilige Einstellung zur Frage eines Behandlungsabbruches anpassen, denn die Verfügung kann jederzeit geändert oder auch widerrufen werden.

Was machen die Apparate mit mir?

Die wenigsten Menschen können sich exakt vorstellen, wie medizinische Apparate im Ernstfall in den eigenen Organismus eingreifen. Dabei ist das Wissen darum eine wichtige Grundlage, um vorsorgende Entscheidungen treffen zu können.

Im Grunde genommen ist Intensivmedizin die mehr oder weniger eingreifende Übernahme lebenswichtiger Funktionen bis zu dem Zeitpunkt, an dem diese wieder »von selbst« möglich sind. Die Ruhigstellung bis hin zum »Künstlichen Koma« nimmt den Menschen bewusstseinsmäßig aus dem Geschehen heraus, um zusätzlichen Stress zu vermeiden und eine vollständige »Konzentration« des Körpers auf seine Selbstheilung zu ermöglichen.

Sollten Organe oder Organsysteme nicht zur natürlichen Funktion zurückkehren können, ist eine technische Unterstützung in vielen Fällen möglich. Inwieweit Menschen damit leben können oder wollen, ist individuell unterschiedlich. Dialyse, Herzschrittmacher oder Prothesen sind beispielsweise kaum Gegenstand ethischer oder rechtlicher Betrachtungen.

Die Situation auf der Intensivstation unterscheidet sich zwar in ihrer Intensität und dem technischen Aufwand etwa von einer Kurznarkose bei Dickdarmspiegelung, aber nicht im Hinblick auf die eigene Hilflosigkeit nach Ausschaltung des Bewusstseins.

Herzschlag

Technisch betrachtet handelt es sich bei unserem Herzen um eine Pumpe, dessen Funktion sichergestellt werden muss.

Bei kurzfristigem Versagen kommt ein Defibrillator zum Einsatz, der mittels elektrischer Impulse das Herz wieder zum Schlagen bringt – eine Maßnahme, die auch sogenannte Ersthelfer durchführen können. Defibrillatoren finden sich mittlerweile auch in Bahnhöfen, Flugplätzen und Fitnessstudios.

Menschen, die unter wiederkehrenden gefährlichen Rhythmusstörungen des Herzens leiden, können mit einem implantierten Defibrillator versorgt werden, der im Bedarfsfall durch einen elektrischen Impuls das Herz wieder regelmäßig schlagen lässt. Bei längerfristigem Versagen oder instabiler Herzaktion kommt ein Herzschrittmacher zum Einsatz. Dieses unter der Haut implantierte Gerät misst die regelmäßige Herzaktion und löst bei längerer Pause zwischen den Herzschlägen elektrisch eine Herzaktion aus. Im Jahr 2011 wurden in Deutschland über 75.000 dieser Geräte implantiert. Die technische Unterstützung der Herzfunktion ist also im Alltag der Menschen angekommen. Wer findet es noch erwähnenswert, dass Helmut Schmidt schon lange sein Weiterleben einem kleinen technischen »Wunderwerk« unter der Haut verdankt?

Zur Überbrückung der Wartezeit auf eine Herztransplantation stehen mittlerweile implantierbare Unterstützungssysteme zur Verfügung. Es wird eine Pumpe im Körper platziert, welche über ein nach außen geführtes Kabel gesteuert und mit elektrischer Energie versorgt wird. Diese unterstützt das Herz, indem sie Blut aus der linken Herzkammer in die Hauptschlagader (Aorta) pumpt. Steuerung und Batterien trägt der Patient in einem Tragegestell. Das Überleben mit einem solchen System ist statistisch gesehen fast ebenso gut wie nach einer Transplantation.

Zur Unterstützung des Atems wird heutzutage ein über die Nase oder den Rachen durch den Kehlkopf vorgeschobenes Rohr oder durch eine Luftröhrenkanüle mit Sauerstoff zusätzlich angereicherte Luft in die Lungen geblasen. Dies ist erheblich schonender als die äußere Beatmung durch eine Eiserne Lunge. Die Geräte können mit unterschiedlichen Beatmungsmechanismen an unterschiedliche Erfordernisse angepasst werden.

Auch diese Maßnahme gehört zur Routine bei allen medizinischen Eingriffen in Vollnarkose, ist also schon von den meisten von uns ohne Hinterfragen erlebt worden.

Die Beendigung der Beatmung setzt voraus, dass der Patient wieder selbst atmen kann. Dieses »weaning«, d. h. die Entwöhnung von dem Gerät, gestaltet sich unterschiedlich zeitaufwendig, je nach der Zeit, die am Gerät verbracht wurde. Es findet ebenfalls auf der Intensivstation oder speziellen Stationen statt.

Ist eine Entwöhnung nicht möglich, etwa wegen eines Krankheitsbildes mit Atemlähmung, wird dauerhaft maschinell beatmet. Dies ist mit Unterstützung eines spezialisierten Pflegedienstes auch zu Hause möglich.

Beatmung lässt sich auch mit dem Einsatz von Atemmasken bewerkstelligen, zum Beispiel bei Menschen, die nachts eine unzureichende Anzahl von Atemzügen haben. Ältere herzkranke Menschen oder Menschen mit chronischen Lungenerkrankungen erhalten zusätzliche Gaben von Sauerstoff über Nasensonden. Beide Maßnahmen sind so leicht und sicher handhabbar, dass sie von den Betroffenen selbst durchgeführt werden.

Zunächst erfolgt eine Versorgung mit Energie im Rahmen des Infusionsprogramms mit Glukoseinfusionen, spätestens nach drei Tagen sind aber Mangelzustände zu erwarten, sodass unter Umgehung des Magen-Darm-Trakts auf eine vollständige Ernährung, d. h. Versorgung mit allen lebenswichtigen Bestandteilen, umgestellt werden muss. Die dafür zur Verfügung stehenden Lösungen werden meist in die Schlüsselbeinvene infundiert. Sie enthalten Wasser, Elektrolyte (Mineralstoffe, Salze und andere anorganische Stoffe), Kohlenhydrate, Aminosäuren (Eiweiß), Fette, Vitamine und Spurenelemente in löslicher, blutverträglicher Form.

Ist die Funktion des Verdauungstraktes nicht gestört, so ist eine Ernährung über den natürlichen Weg möglich. Liegen die Voraussetzungen für eine selbstständige oder assistierte Nahrungsaufnahme nicht vor, etwa im Koma, in einem Zustand der medikamentösen Ruhigstellung, bei Schluckstörungen oder anatomischen Veränderungen nach Operationen, erfolgt die Aufnahme über Systeme. Dies können Sonden sein, welche über die Nase eingeführt werden, oder operativ gelegte Sonden wie die sogenannte PEG-Sonde, welche über die Bauchdecke in den Magen oder den Dünndarm verlegt wird. Hierüber kann dann sowohl im Krankenhaus als auch zu Hause oder in einer Pflegeeinrichtung eine vollständige Ernährung erfolgen.

Die Nieren sind wichtige Filter- und Ausscheidungsorgane für Stoffwechselprodukte und Giftstoffe. Ist ihre Funktion hochgradig gestört oder erloschen, ist eine sogenannte Blutwäsche (Dialyse) erforderlich, entweder, bis der Zustand behoben ist, oder im Fall einer Dauerschädigung bis zum möglichen Ersatz des Organs durch Transplantation.

Bei der sogenannten Hämodialyse (Häm, gr. Blut; dialysis, gr. Trennung) werden Blut und überschüssiges Wasser durch eine Apparatur geleitet, in der halbdurchlässige Membranen die zu entfernenden Stoffe herausfiltern. Die wichtigen Zellen des Blutes werden dabei erhalten. Eine operative Verbindung zwischen einer Handgelenksarterie und einer Unterarmvene erleichtert das Punktieren und ermöglicht einen guten Blutfluss zwischen Patient und Gerät. Die Dialyse als Dauermaßnahme findet in speziellen Zentren statt.

Bei der sogenannten Peritonealdialyse wird über einen Bauchkatheter eine Spüllösung in den Bauchraum gegeben und wieder entfernt. Das Bauchfell (Peritoneum) stellt in diesem Falle die Membran dar, über welche Giftstoffe aus dem Körper entfernt werden. Sie ist mit geringem Betreuungsaufwand auch zu Hause durchführbar.

Auch die Leber hat die Funktion, den Körper zu entgiften. Bei einem Versagen kommt ebenfalls die Hämodialyse zum Einsatz.

Froh, nicht gestorben zu sein

Je komplexer und »unbegreiflicher« die angewandten Methoden für den normalen Menschen werden, desto wichtiger werden Informationen durch die Ärzte, welche diese Methoden anwenden. Sie müssen auf Ihre Fragen eingehen, müssen bereit sein, die Ängste auch hinter scheinbar nur technischen Fragen wahrzunehmen und ihnen angemessen zu begegnen. Eine am ganzen Menschen orientierte Medizin versucht nicht nur alles technisch Mögliche, sondern ist auch sprechende Medizin. Denn nur angstfrei ist der Patient in der Lage, die therapeutischen Bemühungen zu unterstützen und seine Selbstheilungskräfte zu mobilisieren.

Auch die oben erwähnten Freunde haben Bedenken und Ängste formuliert: »Bei aller Begeisterung für die Technik ist mir wohl bekannt, dass Entwicklungen immer nur Mittel zum wirtschaftlichen Erfolg sind. Das Marketing macht die Vorgaben für Kosten, Funktionalität und Qualität. Hierin kann sehr wohl die Ursache für Fehlbehandlungen liegen.«

»Und die Ängste, die ich habe – ich habe nämlich auch welche –, die richten sich nicht gegen die Apparate, sondern gegen ein System, das dem Arzt und der Krankenschwester heute das Denken und Entscheiden mit Kopf UND Herz kaum noch erlaubt.«

Solche Befürchtungen und das Bedürfnis, ihnen etwas entgegenzusetzen, haben ihren Grund offensichtlich in der zunehmenden Komplexität und Undurchschaubarkeit dessen, was medizinisch möglich ist, aber auch in einem Ohnmachtsgefühl gegenüber den Strukturen, in denen Medizin und Pflege stattfinden.

Der entscheidende Punkt ist aber wohl das Ergebnis der Intervention. Im Fall von Michael Schumacher wird jeder zustimmen, dass die apparativen Möglichkeiten ein Segen waren. Was aber, wenn das Ergebnis ein anderes ist, wenn das Leben gerettet wurde, allerdings ein Leben mit starken Einschränkungen oder gar ein Leben im Koma oder Wachkoma ist?

Kaum jemand mag sich ein Leben mit Behinderung vorstellen, noch schwerer erscheint die Vorstellung, im

Koma oder Wachkoma durch künstliche Beatmung und Ernährung am Leben erhalten zu werden.

In einem gesellschaftlichen Klima des »Machbaren«, der scheinbar unbegrenzten Möglichkeiten der Medizin, ja gerade auch der Apparatemedizin, wird ein Scheitern nicht akzeptiert und schnell artikuliert: »Aber das ist doch kein Leben mehr.« Wie viel Leid Menschen akzeptieren können und wie sie dieses in ihr Leben integrieren, kann nur in der jeweiligen Situation ermessen und gelebt werden. Und es gibt sehr wohl die Haltung, sich nicht abzusichern, sondern das Schicksal so zu akzeptieren, wie es sich zeigt, vertrauend darauf, dass von Seiten der Ärzte verstehbare Entscheidungen getroffen werden, sowohl was den Abbruch als auch die Fortführung der getroffenen Maßnahmen angeht.

Anschaulich schildert diese Position Olaf Westphal: »Vor meinem Ponsinfarkt (Durchblutungsstörung im Bereich des Kleinhirns) war ich auch der Meinung, mein Leben nicht um jeden Preis zu erhalten. Ich glaube, dass sich fast jeder gesunde Mensch so äußert. Als ich den Schlaganfall erlitten hatte, wusste ich lange nicht, was mir überhaupt passiert ist, also war ich fest der Meinung, mein Zustand sei nur vorübergehend, und ich würde in kürzester Zeit wieder vollkommen gesund. Als mir dann immer bewusster wurde, was für ein Leben mich erwartet, hätte ich Sterbehilfe sofort in Anspruch genommen. Ich hatte mich immer wieder gefragt, warum ich überlebt habe. Dieser Zustand hielt ein paar Monate an, bis sich dann meine Einstellung zu der Krankheit und zum Leben vollkommen geändert hat. Dieser Prozeß hat ungefähr einen Monat gedauert, und heute bin ich froh, nicht gestorben zu sein.«

3.

Darf ich meinem Leben ein Ende setzen?

Wenn mir die Last der Schmerzen, des Elends und der Verachtung unerträglich wird, warum will man mich hindern, meinem Leiden ein Ende zu machen, und mich grausam eines Heilmittels berauben, das ich in den Händen habe?

Montesquieu, 1689–1755

Selbstbestimmt leben und sterben

2010 wurde bei Wolfgang Herrndorf, der mit seinem Jugendroman *Tschick* weltberühmt wurde, ein Gehirntumor festgestellt. Nach drei Operationen und einer Chemotherapie machten ihm die Ärzte wenig Hoffnung, dass er die Krankheit besiegen würde. Als er den Schock nach dieser Hiobsbotschaft überwunden hatte, beschrieb Herrndorf in seinem Blog *Arbeit und Struktur*, wie er tagtäglich um sein Leben kämpfte, während der Tod immer näher rückte.

Als Herrndorf das Schreiben zunehmend schwerer fiel und er befürchten musste, nicht mehr »Herr seiner Worte« zu sein, beschloss er, seinen Lebensentwurf konsequent zu Ende zu führen. Am 26. August 2013 erschoss er sich am Ufer des Hohenzollernkanals in Berlin. Zuvor hatte er in seinem Blog beklagt, dass es in Deutschland für Schwerstkranke keine Möglichkeit gibt, eine medizinisch begleitete Selbsttötung mit Medikamenten vorzunehmen. Deshalb könne sich ein Sterbewilliger nur erschießen, von einer Brücke stürzen oder vor einen Zug werfen.

Das Schicksal von Wolfgang Herrndorf hat die seit der Antike öffentlich geführte Diskussion neu belebt, ob zur Freiheit des Einzelnen allein die Möglichkeit gehört, ein selbstbestimmtes Leben zu führen, oder auch die Möglichkeit, sein Leben frühzeitig zu beenden: Darf ein Mensch sich selbst töten, wenn er sein Leben aufgrund eines schweren Leidens nicht mehr als lebenswert ansieht? Ist er in der Lage, die persönliche Verantwortung dafür zu übernehmen, oder sollte die Entscheidung über Leben und Tod nur Ärzten überlassen sein?

Manche Menschen finden beispielsweise ein Dasein, in

dem sie nicht mehr die menschlichen Grundfunktionen, Essen, Trinken, Atmen und zur Toilette gehen, allein ausführen können oder an unerträglichen chronischen Schmerzen leiden, unvereinbar mit ihrem persönlichen Lebensentwurf und ihrer Menschenwürde. Andere wiederum verfügen über einen großen Lebenswillen. Bis zuletzt geben sie die Hoffnung nicht auf, dass sich für sie doch noch etwas ändern könnte, und ertragen ihr Leiden mithilfe der Palliativmedizin.

Der englische Philosoph Thomas Morus hat vor 500 Jahren in seiner Idealgesellschaft Utopia beide Möglichkeiten als gesellschaftlich akzeptabel beschrieben. Wer unheilbar krank ist und große Schmerzen leidet, darf in Utopia mithilfe von Ärzten seinem Leben ein Ende setzen. »Die Kranken schlafen dann ein, ohne vom Tode etwas zu merken.« Gegen seinen erklärten Willen darf allerdings niemand getötet werden. Wenn ein Schwerstkranker weiterleben möchte, wird er sorgfältig gepflegt und so gut es geht »von den Schmerzen befreit«. Thomas Morus gibt den Menschen in Utopia also die Freiheit zu wählen, wie sie sich im Falle eines unheilbaren Leidens entscheiden wollen. Ärzte und Gesellschaft müssen diese Entscheidung akzeptieren. Allerdings sind in Utopia die Krankenhäuser auch so »vorzüglich ausgestattet und mit allen Heilmitteln so gut versehen«, dass die Pflege dort individuell und »gewissenhaft« ausgeübt werden kann.

»Selbsttötung«, »Selbstmord« oder »Freitod«?

Häufig werden Menschen wie Wolfgang Herrndorf, die ihrem Leben selbst ein Ende setzen, als Selbstmörder bezeichnet. Dieser Begriff ist jedoch irreführend. Denn ein Mörder handelt heimtückisch und gegen den Willen seines Opfers. Jemand, der sterben möchte, verhält sich selbst gegenüber aber weder heimtückisch noch handelt er gegen seinen eigenen Willen. Im Gegenteil: Er will mit voller Absicht aus dem Leben scheiden.

Der Begriff »Selbstmord« bringt zum Ausdruck, dass die Selbsttötung etwas Verwerfliches sei, das unterbunden werden müsse. So wurden im Mittelalter Menschen, die sich selbst umgebracht hatten, im Nachhinein noch bestraft. Ihre toten Körper wurden zum Beispiel öffentlich nackt aufgehängt und anschließend ohne Grabstätte verscharrt, um potentielle Nachahmer abzuschrecken. Man warnte die Menschen davor, dass die Seele der Erhängten weder in den Himmel noch in die Hölle komme. Denn auch »der Teufel erwischt sie nämlich nicht, weil er beim Munde auf sie lauert und sie durch den After entweicht«. Wenn Selbstmörder dennoch still und heimlich von ihren Angehörigen begraben wurden und jemand die »Schmach« entdeckte, gab man ihre Gräber zur Leichenschändung frei. Denn Selbstmörder sollten nicht in geweihter Erde liegen. Den Hinterbliebenen wurde das Erbrecht entzogen, sodass sie nur noch ein Leben am Rande der Gesellschaft führen konnten. In seinem *Philosophischen Wörterbuch* fragte Voltaire daher angewidert, ob Menschlichkeit und Nächstenliebe denn nicht für solche »armen Schlucker« gelten würden, die aus Verzweiflung das irdische Jammertal verlassen hätten. Warum darf ihre Seele nicht in Frieden ruhen?

Die Antwort liegt in der christlichen Überzeugung begründet, derzufolge Gott den Menschen das Leben gegeben hat und es auch wieder nimmt. Dementsprechend hat der

Mensch kein Recht, in die Schöpfung einzugreifen. Diesen Gedanken hat Thomas von Aquin auf den Punkt gebracht, als er an das sechste Gebot »Du sollst nicht töten« aus dem Alten Testament erinnerte: »Sich selbst zu töten, ist ganz und gar unerlaubt«, weil es gegen Gottes Wille und auch wider die Natur sei. Gott habe dem Menschen die Selbstliebe und den Selbsterhaltungstrieb gegeben, deshalb müsse er sein Leben bis zum Letzten verteidigen. Das Tötungsverbot aus dem Alten Testament gelte sowohl in Bezug auf andere Menschen als auch auf sich selbst.

Diese Sichtweise bestimmt bis heute die christliche Ablehnung jeglicher Sterbehilfe am Lebensende. Dabei geht es nicht um ein selbstbestimmtes Sterben, sondern allein um Gottes Wille. Der englische Philosoph David Hume hat dieser Vorstellung von der göttlichen Allmacht bereits vor 350 Jahren widersprochen. Gott habe dem Menschen die Fähigkeit und die Kraft gegeben, sein Leben selbstständig zu gestalten. Und wenn »die Angst vor Schmerz die Liebe zum Leben überwiegt«, dann dürfe der Mensch in die Schöpfung eingreifen, was er sowieso tagtäglich macht, wenn er die Natur verändert. Es sei geradezu Gottes Plan, dass der Mensch handelt und sein Leben gegen Tod und Gewalt verteidigt. Warum darf er also nicht mehr handeln, wenn ihm die Schmerzen »über den Kopf wachsen«? Der katholische Theologe Hans Küng stellt deshalb die Frage, ob ein wohlwollender Gott es zulassen könne, dass kranke Menschen an ihrem Lebensende unsagbar leiden. Kann der eigentliche Zweck des Lebens Leiden sein und der Kreuztod Christi uns als Vorbild dienen?

Die gesellschaftliche Akzeptanz der Selbsttötung ist auch im 21. Jahrhundert noch nicht in der Realität angekommen. So finden sich in Todesanzeigen in den seltensten Fällen Andeutungen darauf, dass jemand freiwillig aus dem Leben gegangen ist. Die Schweiz hat in dieser Beziehung einen Schritt in Richtung Akzeptanz unternommen und den Suizid als Menschenrecht gemäß Artikel 8 der Europäischen Menschenrechtskonvention eingestuft. Zum Selbstbestimmungsrecht des Menschen gehöre es auch, über Art und Zeitpunkt der Beendigung des eigenen Lebens autonom zu entscheiden.

Oftmals wird die Selbsttötung eines Menschen auch »Freitod« genannt, in dem Sinne, dass der Sterbewillige eine freie Entscheidung trifft, aus dem Leben zu gehen. Auch dieser Begriff deckt nicht die gesamte Problematik ab, weil manche Sterbewillige, insbesondere mit gravierenden psychischen Problemen, aus einer Notlage heraus handeln und beispielsweise von Zwangsvorstellungen zur Selbsttötung getrieben werden. Eine freie, wohl überlegte Entscheidung ist in ihrem Fall nicht möglich, demzufolge lässt sich auch nicht von einem »freiwilligen Tod« sprechen. Das Gleiche gilt für Menschen, die in Diktaturen Widerstand leisten. So geht beispielsweise aus den Stasi-Akten einstiger DDR-Bürgerrechtler hervor, dass sie durch Psychoterror von Seiten der Stasi unfreiwillig in den Suizid getrieben wurden. Auch der Schriftsteller Jean Améry, der mit seinem Buch *Hand an sich legen* das Thema Selbsttötung literarisch aufgearbeitet hat, brachte sich um, weil er sein Foltertrauma aus den Gestapo-Kellern nicht überwinden konnte. Er war ein getriebener Freiwilliger.

Geht mein Tod nur mich etwas an?

Auf dem Gemälde *Der Tod des Sokrates* von Jacques Louis David sieht man den Philosophen im Kreise seiner Schüler. Er streckt entspannt die Hand in den Himmel, bevor er den Schierlingsbecher trinkt und stirbt. Da Sokrates wegen »Einführung neuer philosophischer Götter« in Athen zum Tode verurteilt wurde, könnte man einwenden, er sei nicht freiwillig gestorben. Das stimmt nicht ganz, denn er hätte fliehen können. Sein Schüler Kriton hatte die Flucht des Philosophen gut vorbereitet. Sokrates wollte jedoch aus moralischen Gründen in Athen bleiben, denn er hielt das Urteil gegen ihn für falsch. Die Jugend zum Nachdenken anzuregen, könne kein Übel sein. Aber Sokrates blieb noch aus einem anderen Grund: Selbsttötung wurde in der Antike als selbstbestimmte Entscheidung akzeptiert.

So bestand in Griechenland und Rom die Möglichkeit, bei einer unheilbaren Krankheit oder großen Schmerzen aus dem Leben zu gehen. Man musste bei den Behörden einen Antrag stellen. Wurde dieser genehmigt, händigte man dem Sterbewilligen einen Giftbecher aus. Die Selbsttötung des Sokrates war also nichts Ungewöhnliches. Allerdings warnten Philosophen wie Seneca das Volk, »nicht aus dem Leben zu fliehen, sondern zu gehen«. Eine Selbsttötung dürfe kein »unüberlegter Hang des Herzens sein«, sondern müsse gut überlegt werden. Manche misslichen Dinge im Leben ließen sich auch ändern. Damit spielte Seneca auf einen Umstand an, der gegenwärtig auch in Bezug auf die Sterbehilfe diskutiert wird. In der Antike durfte man sich nicht nur bei unheilbaren Leiden töten, sondern auch, wenn man bitterarm war. Die Möglichkeit, jemanden durch Selbsttötung loszuwerden, der den Angehörigen zur Last fällt, wird in der gegenwärtigen Diskussion von vielen Gegnern neben religiösen Gründen als Haupteinwand gegen die Legalisierung des medizinisch assistierten Suizids angeführt.

Das Schicksal des Schierlingsbechers traf übrigens auch Seneca. Er wurde einer Verschwörung gegen den Kaiser Nero bezichtigt, dem er jahrelang als Berater gedient hatte, und ohne Gerichtsurteil zum Tod durch die eigene Hand verurteilt. Seneca öffnete sich die Pulsadern, starb daran jedoch nicht. Anschließend trank er den Schierlingsbecher, der nicht die gewünschte Wirkung hatte. Offenbar wurde der Becher manipuliert. Schließlich schleppten Soldaten den Halbtoten in ein Dampfbad und ließen ihn qualvoll ersticken.

Wie sollte eine moderne Gesellschaft im 21. Jahrhundert mit Selbsttötung umgehen? Sollte sie den Suizid, wie in der Antike üblich und von Thomas Morus für Schwerstkranke gefordert, als selbstbestimmte Entscheidung von Menschen akzeptieren und ihn in Form einer medizinischen Suizidassistenz begleiten lassen? Ein qualvolles Sterben wie bei Seneca könnte so zum Beispiel verhindert werden. Denn Menschen, die einen Suizidversuch überleben, leiden oft ihr Leben lang an den körperlichen und seelischen Folgen. Auf der anderen Seite kann eine Gesellschaft den Suizid nicht als eine »gängige Problemlösung« akzeptieren. Nicht jede Lebenskrise oder jeder Schicksalsschlag darf als Rechtfertigung für einen Suizid gelten. Insbesondere soziale Ursachen wie Einsamkeit oder Arbeitslosigkeit müssen in einer solidarischen Gesellschaft anders als in der Antike aufgefangen werden. Auch Thomas Morus hat in *Utopia* die Selbsttötung ausdrücklich nur auf Schwerstkranke bezogen, um ihnen ein langes Leiden zu ersparen.

Die Selbsttötung meint vom Begriff her, dass Sterben die individuelle Angelegenheit eines Menschen ist, d.h. nur ihn etwas angeht und niemand anderen. Die Entscheidung dazu trifft in der Tat jeder allein, während die Durchführung auch andere Personen mit einschließen kann, wie die Praxis des medizinisch assistierten Suizids in den Niederlanden, in Luxemburg und in der Schweiz zeigt.

Der Begriff Suizidassistenz drückt aus, dass die Selbsttötung von einem Arzt medizinisch begleitet werden soll, um einen schmerzfreien Tod herbeizuführen. Der Arzt sollte das Risiko des Misslingens möglichst ausschließen und sich der Frage stellen: »Gibt es für den Sterbewilligen nicht doch noch einen Ausweg? Habe ich wirklich alles getan, um das Problem, das ihn zum Sterben veranlasst, umfassend in den Griff zu bekommen?«

Diese Frage spielt insbesondere eine Rolle, wenn Patienten mit psychischen Problemen eine Selbsttötung wünschen. Verfügen beispielsweise Menschen mit einer schweren Depression auf dem Höhepunkt ihrer Krankheit über die notwendige rationale Urteilsfähigkeit, ihr Leiden richtig einzuschätzen? Können sie wirklich den selbstgefassten Entschluss rechtfertigen, dass ihr Leben nicht mehr lebenswert ist? Gibt es darüber hinaus für Ärzte objektive medizinische Kriterien, das zu beurteilen? Oder betreffen Fragen, wann ein Leben als lebenswert angesehen werden kann, in erster Linie subjektive Empfindungen und Einschätzungen? Das Schicksal des ehemaligen Fußballnationaltorhüters Robert Enke, der sich 2009 vor einen Zug warf, zeigt, dass psychisch labile Menschen oftmals von der Not Getriebene sind, die keine freien Entscheidungen mehr treffen können.

Über das medizinische Problem hinaus sind von einer Selbsttötung auch Dritte betroffen: Hinterbliebene und Freunde, die mit dem Tod ihres Angehörigen umgehen müssen und nicht selten unter Schuldgefühlen leiden, wie: »Warum konnte ich das nicht verhindern?« Darüber hinaus gehören sie bei misslungenen Suizidversuchen ebenfalls zu den Leidtragenden, wenn die gesundheitlichen Probleme des am Leben Gebliebenen so groß werden, dass beispielsweise eine Rundumpflege organisiert werden muss. Insofern stellt eine Selbsttötung zwar eine autonome Entscheidung eines Sterbewilligen dar, eingebettet ist sie jedoch in einen moralischen, gesetzlichen und medizinischen Kontext.

Im Idealstaat Utopia von Thomas Morus ist die oberste Aufgabe der Ärzte übrigens nicht, Leben zu erhalten, sondern die Gesundheitsvorsorge zu fördern. Sie sollen die Menschen über eine gesunde Lebensweise aufklären, damit sie ein Gesundheitsbewusstsein entwickeln und »im wachen Zustand« erkennen, was gesund erhält und was krank macht. Medikamente und andere »Trostmittel« sollen die Ausnahme sein und nicht die Regel. Damit kritisierte Morus die Medikalisierung der Körperlichkeit des Lebens, die heute an der Tagesordnung ist. In seinem Modell sind Ärzte eher Ratgeber und keine kompetenten Experten.

Steht Hilfe zur Selbsttötung unter Strafe?

Wenn sich jemand selbst töten möchte, so stellt diese Handlung im Sinne des Strafgesetzbuches keine strafbare

Handlung dar. In diesem Sinne ist auch die Beihilfe zum Suizid straffrei, allerdings mit einem gewissen Risiko verbunden. Denn wer in Deutschland und Österreich Menschen beim Sterben hilft, kann gemäß Paragraf 323c des deutschen und Paragraf 78 des österreichischen Strafgesetzbuches wegen unterlassener Hilfeleistung angeklagt werden und stünde dann beispielsweise auf gleicher Stufe mit jemandem, der nach einem Unfall Fahrerflucht begeht.

»Wer bei Unglücksfällen oder gemeiner Gefahr oder Not nicht Hilfe leistet, obwohl dies erforderlich und ihm den Umständen nach zuzumuten, insbesondere ohne erhebliche eigene Gefahr und ohne Verletzung anderer wichtiger Pflichten möglich ist, wird mit Freiheitsstrafe bis zu einem Jahr oder mit Geldstrafe bestraft.« – Dieser Paragraf kann nach geltendem Recht auch auf Angehörige angewendet werden, die einem nahen Verwandten bei der Selbsttötung helfen. Gesetzt den Fall, eine Frau besorgt ihrem Ehemann auf dessen Wunsch hin ein tödliches Gift. Er nimmt es in ihrem Beisein ein und fällt ins Koma. Der Mann lebt noch einige Stunden, ohne dass die Frau etwas unternimmt, um ihn zu retten. Denn die Eheleute haben vereinbart, dass der Mann auf jeden Fall sterben will. In diesem Fall kann die Frau in Deutschland wie auch in Österreich wegen unterlassener Hilfeleistung angeklagt werden.

Die strenge Rechtsprechung hat mit den Verbrechen des Nationalsozialismus zu tun. Da die »Euthanasie« als sogenannte Sterbehilfe Tausenden behinderten Menschen das Leben kostete, befürchten die Gegner einer Suizidassistenz nun, dass ohne den Paragrafen der unterlassenen

Hilfeleistung Behinderte leichter in den Tod gedrängt werden könnten.

Bei der Urteilsfindung zur Suizidassistenz spielt allerdings immer die Frage eine Rolle, ob der Sterbewillige die Tötung bei vollem Bewusstsein selbst ausgeführt hat. Wenn dies der Fall ist, dann können Mitwisser oder Angehörige, die seinen Tod ermöglicht oder erleichtert haben, nicht bestraft werden. Wenn jedoch ein anderer maßgeblich am Suizid beteiligt war, indem er einem Sterbewilligen auf dessen Wunsch hin zum Beispiel ein tödliches Gift verabreicht hat, dann finden in Deutschland der Paragraf 216 und in Österreich der Paragraf 77 des Strafgesetzbuches »Tötung auf Verlangen« Anwendung. Er besagt, dass jemand, der auf ausdrücklichen Wunsch eines Sterbewilligen die Tötung vornimmt, mit einer Freiheitsstrafe von sechs Monaten bis zu fünf Jahren rechnen muss.

Die Musterberufsordnung für Ärzte der Bundesärztekammer von 2011 untersagt darüber hinaus in Deutschland Ärzten im Paragraf 16 »Beistand für Sterbende«, Patienten auf deren Wunsch hin beim Sterben zu helfen. Die Berufsordnungen der einzelnen Bundesländer machen ihren Ärzten dazu ganz unterschiedliche Vorgaben. In Bayern wird zum Beispiel formuliert: »Der Arzt hat Sterbenden unter Wahrung ihrer Würde und unter Achtung ihres Willens beizustehen.« Das eröffnet Ärzten einen gewissen Interpretations- und Handlungsspielraum. In Hamburg gibt es diesen Spielraum nicht: »Der Arzt darf keine Hilfe bei der Selbsttötung leisten.« Diese unterschiedlichen Regelungen geben Ärzten keine Rechtssicherheit, was sie dürfen und was nicht. Deshalb mehren sich die Stimmen im Bundestag, eine bundeseinheitliche Regelung für Ärzte auf den Weg zu bringen.

Der spektakulärste Rechtsfall, in dem in Deutschland zwischen straffreier unterlassener Hilfeleistung oder Tötung auf Verlangen entschieden werden musste, war die Selbsttötung einer Krebspatientin in der Klinik des Arztes Julius Hackethal in den 1980er Jahren. Hackethal hatte seiner Patientin tödliches Kaliumcyanid beschafft und ihren Todeswunsch auf Video aufgezeichnet. Als sie das Gift einnahm, befand er sich in einem anderen Raum. Das Münchner Oberlandesgericht entschied später, dass sich Hackethal nicht der Tötung auf Verlangen schuldig gemacht habe und nicht verpflichtet gewesen sei, seiner bewusstlosen Patientin zu helfen, da sie sich vor der Tat bei vollem Bewusstsein für den Suizid entschieden und diesen auch »eigenhändig« ausgeführt habe.

Das Beispiel von Julius Hackethal zeigt, dass der medizinisch assistierte Suizid bisher in Deutschland wie auch in Österreich nicht gesetzlich zulässig ist. Der Deutsche Bundestag hat jedoch Ende des Jahres 2014 eine Debatte begonnen mit dem Ziel, eine gesetzliche Grundlage zu schaffen, die Sterbewilligen und Ärzten mehr Rechtssicherheit gibt.

Abschiedspartys und Tod gegen Geld

Als mich vor einigen Jahren ein Kollege zu einer Party nach München einlud, war ich gerade im Urlaub. Später wunderte ich mich, dass sich K. auf keiner Tagung mehr sehen ließ, wo er sich doch so intensiv mit ethischen Problemen beschäftigte. Kollegen, bei denen ich mich erkundigte, sahen mich mit einem Stirnrunzeln an: »Ja, weißt du das denn gar nicht? Die Party in München war seine Abschiedsparty. Er ist am nächsten Tag in die Schweiz gefahren und ist dort nach einem Becher Natrium-Pentobarbital friedlich eingeschlafen. Er war unheilbar krank und wollte den Zeitpunkt seines Abgangs von dieser Welt selbst bestimmen.«

Wie ich später erfuhr, war mein Kollege Mitglied des Vereins »Dignitas«, der seinen Sitz in Zürich hat und seit 2005 auch eine »Sektion Deutschland e. V.« in Hannover betreibt. Ziel des Vereins ist es nach eigenen Angaben, Menschen hinsichtlich ihres Lebensendes in allen Fragen zu beraten und sie gegebenenfalls bei ihrem Suizid zu begleiten. Freiheit und Selbstbestimmung im Sinne der Schweizerischen Verfassung seien die obersten Werte, die dem Verein in Bezug auf Leben und Sterben als Orientierung dienen. In der Schweiz ist seit 1942 laut Paragraf 115 des Strafgesetzbuches eine Suizidassistenz erlaubt, die nicht auf »selbstsüchtigen Motiven« beruht. Im Prinzip kann also jeder Deutsche, so wie mein Kollege, in die Schweiz fahren und dort eine medizinisch betreute Selbsttötung einleiten. Damit wirbt zumindest die deutsche Sektion des Vereins, denn die aktuelle Rechtsprechung in Deutschland stellt »Tötung auf Verlangen« unter Strafe.

Allerdings bringt der gewünschte Tod auch hohe Kosten mit sich: Aufnahmegebühren von ca. 60 Euro, eine Jahresgebühr von ca. 60 Euro und Kosten für Suizidbegleitung und -durchführung, Arztkosten und Behördengänge, sodass ungefähr 10 000 Euro zusammenkommen. Menschen, die dieses Geld nicht aufbringen können, dürfen einen Antrag auf Unterstützung stellen.

Ein weiterer Verein, der allerdings nur Menschen in der Schweiz betreut, ist »Exit«. Auch er bietet Hilfe an »bei unheilbaren Krankheiten, unerträglichen Schmerzen und unzumutbaren Behinderungen«. In diesem Zusammenhang stellt sich die Frage, was eine unzumutbare Behinderung ist und ob das Problem nur medizinisch entschieden werden kann.

»Exit« führt nach eigenen Angaben auch Suizidbegleitungen bei Menschen mit psychischen Leiden durch, ungefähr zwei pro Jahr. Vorher wird in Zusammenarbeit mit der Universität Zürich eine Ethikkommission konsultiert, die nach ausführlicher Begutachtung der Krankenakten und der Lebenssituation über den Wunsch nach Suizid entscheidet. Auch bei »Exit« kostet eine Sterbebegleitung mehrere Tausend Euro.

Beide Schweizer Vereine sind gemeinnützig und verfolgen von ihren Satzungen her keine kommerziellen Zwecke. Ehe eine Entscheidung zur medizinischen Suizidassistenz gefällt wird, finden Gespräche mit Sterbebegleitern und verschiedene medizinische Untersuchungen statt. Jeder Sterbewillige muss außerdem eine Freitoderklärung ausfüllen. Darin wird dokumentiert, dass er nach reiflicher Überlegung zu dem Entschluss gekommen ist, sein Leben beenden zu wollen. Er muss zum Beispiel seine Mitgliedsnummer sowie das genaue Sterbedatum angeben und versichern, dass der Verein nicht die Verantwortung dafür trägt, wenn der Suizid scheitern sollte. Außerdem dürfen Zeugen benannt werden, die bei der Selbsttötung anwesend sein sollen.

Die Journalistin und Philosophin Svenja Flaßpöhler hat beim Verein »Exit« an zwei Freitodbegleitungen teilgenommen und davon in ihrem Buch *Mein Tod gehört mir* berichtet. Insbesondere interessierte sie die Frage, wie ein Arzt den Umgang mit dem Tod tagtäglich aushält: »Ich frage ihn, mit welchen Empfindungen er in einem fast wöchentlichen Rhythmus ein Medikament an Menschen verabreicht, die dann nur wenige Minuten nach der Einnahme in seiner Gegenwart sterben. Er schaut mich an und lächelt, als verstünde er meine Frage nur zu gut. ›Wenn jemand seinen Wunsch äußert, aus dem Leben zu gehen, dann ist es meine Aufgabe, ihm dabei zu helfen‹, erklärt er mit leichtem italienischen Akzent. ›Ich verstehe mich als Chirurg, als ein Werkzeug. Ich unterstütze jemanden in seinem Sterbewunsch und halte meine Persönlichkeit, meine Gefühle soweit es geht außen vor.‹ Vor allem die Worte ›Chirurg‹ und ›Werkzeug‹ betont er auf eine Weise, als hätte sich diese Antwort mit der Zeit eingeschliffen. Auf die Frage, wie ihm eine derart saubere Trennung gelinge, antwortet er mir, dass er es gut und vernünftig finde, dass ein Mensch nicht nur über sein Leben, sondern auch frei über seinen Tod entscheiden könne. Seine Aufgabe sehe er einzig und allein darin, das ideelle Recht auf Selbstbestimmung, das im Fall eines Todeswunschs häufig mit Füßen getreten werde, in der Praxis zu ermöglichen.«

In Deutschland ist diese Art von organisierter Suizidassistenz nicht möglich. Dennoch gibt es verschiedene Organisationen, die sich mit dem Thema beschäftigen und Hilfsangebote unterbreiten. So fordert die Deutsche Gesellschaft für humanes Sterben e. V. (DGHS) schon seit Jahren eine gesetzliche Regelung für Sterbebegleitung in Deutschland und war maßgeblich an der Ausarbeitung des Gesetzes über die Patientenverfügung von 2009 beteiligt.

Sie berät und betreut Sterbende und deren Angehörige bei der Durchsetzung ihres Patientenwillens. Zum wissenschaftlichen Beirat gehören unter anderem der Philosoph Dieter Birnbacher und die Politikerin Ingrid Matthäus-Meyer, die sich beide seit Jahren für ein humanes Sterben engagieren. Die Gesellschaft verfolgt darüber hinaus auch das Ziel, eine verbesserte Betreuung von Kranken und Sterbenden in Pflegeeinrichtungen durchzusetzen. Ihr Wille und ihre Wünsche sollten, wie das Thomas Morus in *Utopia* vorgeschlagen hat, in der letzten Phase ihres Lebens stärker berücksichtigt werden.

Das Nachdenken über ein selbstbestimmtes Ende des Lebens entbindet eine Gesellschaft allerdings nicht davon, ihre Bürgerinnen und Bürger zu schützen – auch vor der Gewalt gegen sich selbst. Dieser Gedanke stammt von dem französischen Philosophen und Rechtsgelehrten Montesquieu. Er hat darauf hingewiesen, dass zunächst einmal herausgefunden werden müsse, warum jemand sterben will und was ihm fehlt. Manchmal sei nur seine Seele verwundet und könne wieder geheilt werden. Heute gibt es viele Organisationen, die diesen Gedanken in die Tat umsetzen und sich präventiv mit dem Thema Selbsttötung auseinandersetzen. Dazu gehört die Deutsche Gesellschaft für Suizidprävention (DGS). Sie sieht ihre hauptsächliche Aufgabe darin, Selbsttötungen zu verhindern, die durch schwere Lebenskrisen und innere Notlagen bedingt sind. Die Organisation widmet sich insbesondere der Erforschung von Ursachen für Selbsttötung und der Betreuung von suizidgefährdeten Menschen. Unter anderem hat sie eine Arbeitsgruppe eingerichtet, um Hinterbliebene psychisch zu betreuen und die Trauernden in verschiedenen

Phasen psychologisch zu begleiten (Hinterbliebene@suizidprophylaxe.de). Darüber hinaus ist eines ihrer wichtigsten Ziele, die Betreuung von suizidgefährdeten Menschen in Krankenhäusern zu verbessern.

Speziell mit der Suizidprävention bei Kindern und Jugendlichen beschäftigt sich der Verein »Freunde fürs Leben e. V.« (www.frnd.de). Er wurde von Hinterbliebenen gegründet, die Kinder und Jugendliche durch Selbsttötung verloren haben. Seine Homepage, die sich direkt an Jugendliche wendet, informiert über Zahlen und Fakten zur Selbsttötung und über verschiedene Hilfsangebote. So können junge Leute beispielsweise eine E-Mail-Beratung in Anspruch nehmen (www.jugendnotmail.de) oder eine App zur Suche von Beratungsstellen benutzen. Darüber hinaus können Videos heruntergeladen und ein Selbsttest zur Suizidgefährdung gemacht werden. Der Verein möchte mit seinem umfassenden Angebot Kinder und Jugendliche für das Leben motivieren: »Zum Leben gehört auch immer eine Portion Leid, Sorgen und Probleme – bei dem einen mehr, bei dem anderen weniger. Aus Krisensituationen nehmen wir fast immer etwas Wichtiges für unser Leben mit. Durch die Bewältigung von schwierigen Situationen bauen wir Kompetenzen auf und entwickeln Strategien, die uns helfen, Schwieriges zu meistern, und gehen gestärkt daraus hervor.«

4.

Wer hilft mir beim Sterben?

Mein Tod gehört nicht dem Staat, sondern mir! Der Staat hat mir mein Leben nicht gegeben, er hat von mir keinen Auftrag, über das Ende zu wachen. Verbotstafeln gegen die Sterbehilfe sind inhuman, denn das Recht auf Leben ist kein Lebenszwang.

Fritz J. Raddatz, 1931–2015

Tötung auf Verlangen

Ein junger Mann verbringt einen fröhlichen Abend in einer Kneipe. Er sieht sich mit Freunden ein Fußballspiel an und trinkt 15 Kölsch. Nach dem Ende des Fußballspiels geht er jedoch nicht nach Hause, sondern besucht seinen schwer kranken Vater in dessen Wohnung. Der Vater ist noch wach und beschwört seinen Sohn: »Bitte erlöse mich!« Der Sohn küsst den Vater auf die Stirn und hält ihm dann Mund und Nase zu. Als der Vater sich nicht mehr regt, ersticht der Sohn seinen Vater mit einem Messer. Danach ruft er seinen besten Freund an und sagt ihm unter Tränen, dass er seinen Vater erlöst habe.

Der Vater war an diesem Abend 74 Jahre alt und litt an einer unheilbaren Krankheit, die als progressive supranukleäre Blickparese (PSP) bezeichnet wird, eine sehr seltene Erkrankung des Gehirns. Es zeigen sich Symptome, die denen einer Parkinson-Erkrankung ähneln. Die Augen werden gelähmt, die Patienten verlieren das Gleichgewicht und torkeln wie in einem Vollrausch. Darüber hinaus kommt es zu Persönlichkeitsveränderungen. Der Vater litt sehr unter den Folgen seiner schweren Erkrankung und wurde schnell pflegebedürftig. Seine Familie kümmerte sich liebevoll und aufopfernd zu Hause um ihn, dennoch baute der Vater innerhalb weniger Monate derart ab, dass er bald nicht mehr aufstehen konnte. Bereits zu dieser Zeit bat der Vater den Sohn darum, ihm eine Pistole zu besorgen. Doch diese hätte er selbst schon gar nicht mehr halten können. Die Familie erzählt, dass der Vater immer wieder den Wunsch geäußert habe, nicht so qualvoll sterben zu wollen. Er habe ganz deutlich gemacht, dass er sterben wolle. Immer wieder dachte sein Sohn vor seiner Tat an einen Tag in der Vergangenheit, als sie gemeinsam einen Verwandten besuchten, der an Alzheimer erkrankt war und im Wachkoma lag. Bei diesem Besuch sagte der Vater zum Sohn: »Eines musst du mir schwören, lass mich niemals so liegen.«

Sowohl die Staatsanwaltschaft als auch das Schöffengericht waren der Auffassung, dass die Folgen der Tötung für den Sohn »so schwer sind, dass die Verhängung einer Strafe offensichtlich verfehlt wäre«, so steht es in Paragraf 60 des Strafgesetzbuches. »Von einer Strafe wird abgesehen«, sagte der Vorsitzende Richter. »Niemand hier im Saal kann sich über Ihre Entscheidung moralisch erheben.«

So wie dem schwerkranken Mann in diesem Beispiel geht es vielen Menschen in Deutschland. Sie haben eine unheilbare Krankheit und oftmals keine Aussicht auf Heilung. Angesichts der häufig aussichtslosen Situation macht sich bei den Betroffenen und den Angehörigen Verzweiflung breit. Die Betroffenen haben den Wunsch nach einem schmerzfreien und schnellen Tod und können sich nicht vorstellen, über einen langen Zeitraum schwer erkrankt zu sein und unter psychisch sowie physisch schmerzhaftem Leiden zu versterben. Daneben steht die Erkenntnis, dass man in der heutigen Welt im Grunde genommen jede Entscheidung, die das eigene Leben betrifft, selbst treffen kann. Diese Errungenschaft wollen viele Menschen nicht aufgegeben, wenn es um den Tod geht. Sie möchten die Kontrolle über sich behalten und autonom über ihr Lebensende entscheiden können.

Die Angehörigen hingegen stehen dem Wunsch des Sterbenden oft hilflos gegenüber. Sie wünschen sich, helfen zu können, haben aber auch Angst, eine falsche Entscheidung zu treffen, die nicht revidierbar ist. Ferner besteht häufig Unsicherheit aufgrund des fehlenden Wissens darüber, welche Handlungen in Deutschland erlaubt sind.

Die Rechtslage in Deutschland

Der Suizid, auch bezeichnet als Selbsttötung, ist nach dem deutschen Strafrecht kein Straftatbestand. Aus diesem Grund ist auch die Hilfeleistung zur Selbsttötung straflos. Wer einem anderen etwa Gift oder eine Waffe besorgt, mit dem bzw. der sich der Betroffene dann selbst tötet, kann grundsätzlich strafrechtlich nicht belangt werden. Dies gilt jedoch nur, solange der Sterbende die Selbsttötung tatsächlich selbst ausgeführt hat. Möglich ist hingegen eine Strafbarkeit wegen unterlassener Hilfeleistung, wenn der Helfer zum Beispiel bei eintretender Bewusstlosigkeit nicht eingreift. Unter Umständen kann auch ein Verstoß gegen das Arzneimittelgesetz oder Betäubungsmittelgesetz relevant werden. Ärzten verbietet das Berufsrecht die Beihilfe zur Selbsttötung.

Unter passiver Sterbehilfe verstehen Juristen das »Zulassen des natürlichen Sterbens«: Hierbei werden lebensverlängernde Maßnahmen wie Beatmung oder künstliche Ernährung unterlassen oder beendet, weil sie entweder medizinisch nicht mehr geboten sind oder weil der Patient entsprechende Maßnahmen ausdrücklich ablehnt. Der Arzt muss in diesem Rahmen feststellen und entscheiden, ob der Betroffene in der Lage ist, seine Situation, die Behandlungsalternativen und deren Konsequenzen zu verstehen. In Fällen, in denen der Patient beispielsweise aufgrund einer Bewusstlosigkeit seinen Willen nicht mehr äußern und in die Unterlassung oder Beendigung von lebensverlängernden Maßnahmen nicht mehr einwilligen kann, ist sein früher geäußerter Wille entscheidend. Dieser kann am eindeutigsten aus einer Patientenverfügung entnommen Anh. 1.3 werden. Liegt keine Patientenverfügung vor, muss der mutmaßliche Wille des Betroffenen ergründet werden. Zumeist Anh. 1.1 entscheidet dann der Vorsorgebevollmächtigte. Ist auch ein solcher nicht benannt worden, muss ein gerichtlich bestellter Betreuer eine entsprechende Entscheidung treffen. Für diese benötigt er unter Umständen die Zustimmung des Vormundschaftsgerichts.

Nicht strafbar ist auch eine indirekte aktive Sterbehilfe. Unter Letzterer versteht man die Verabreichung starker Schmerzmedikamente, deren Wirkung sich lebensverkürzend auswirken kann.

Die aktive Sterbehilfe zeichnet sich dadurch aus, dass ein Dritter, beispielsweise ein Arzt oder ein Angehöriger, einem Patienten ein unmittelbar tödlich wirkendes Mittel verabreicht oder ihn auf andere Weise direkt und aktiv tötet. Der entscheidende Unterschied zur Beihilfe zur Selbsttötung besteht darin, dass der Patient das todbringende Mittel nicht selbst verwendet; es wird dem Sterbewilligen vielmehr von außen zugeführt. Wer also aktive Sterbehilfe vornimmt, setzt bewusst und vorsätzlich einen neuen zum Tode führenden Ursachenverlauf in Gang. Eine solche aktive Sterbehilfe ist in Deutschland ausnahmslos verboten. Sie ist als sogenannte Tötung auf Verlangen nach § 216 StGB strafbar, wenn der Arzt oder Angehörige ausdrücklich und nachweisbar zu diesem Verhalten aufgefordert worden ist. Konnte der Patient seinen Willen hingegen gar nicht mehr äußern, war erkennbar nicht zurechnungsfähig oder wurde zu der Entscheidung zu sterben von außen gedrängt, bestehen Zweifel am »ernstlichen Verlangen« des Sterbenden. In diesem Fall ist eine Strafbarkeit wegen Totschlags nach § 212 StGB möglich.

Sterbehilfe in Europa

Immer mehr todkranke Menschen aus Deutschland und anderen Staaten fahren in die Schweiz, um dort mithilfe von unterschiedlichen Sterbehilfeorganisationen den Tod Anh. 1.10 zu suchen. Diese durch unterschiedliche Medien verbreitete Tatsache führt häufig zu der Annahme, dass in der Schweiz jegliche Formen der Sterbehilfe erlaubt seien. Dies ist jedoch nicht der Fall. In der Schweiz ist die Suizidhilfe allerdings nur strafbar, wenn selbstsüchtige Motive vorliegen. Die aktive Sterbehilfe ist ausnahmslos verboten.

Dies gilt auch für Italien. Allerdings ist dort – anders als in Deutschland – auch die Verleitung und die Beihilfe zum Selbstmord strafbar. Bei einer Tötung aus Mitleid kommt eine Strafmilderung in Betracht.

In Frankreich ist es Ärzten erlaubt, die medizinische Behandlung von unheilbar erkrankten Personen zu unterlassen bzw. einzuschränken, wenn der Patient dies wünscht. In Großbritannien ist – anders als in Deutschland – auch jede Beihilfe zur Selbsttötung verboten und unter Strafe gestellt. Allerdings besteht hinsichtlich der Strafe ein großer Ermessensspielraum, sodass es in vielen Fällen zu keiner Verurteilung kommt. Sowohl in Frankreich als auch in Großbritannien wird die Sterbehilfe jedoch derzeit intensiv diskutiert. Ende des Jahres 2013 hatte sich ein von François Hollande eingesetztes Bürgergremium für eine partielle Zulassung der Sterbehilfe ausgesprochen. Dabei stand das Recht auf eine Beihilfe zur Selbsttötung im Vordergrund, während aktive Sterbehilfe, bis auf einige Ausnahmefälle, verboten bleiben soll. Im März des Jahres 2015 wurde in Frankreich nun ein neues Sterbehilfegesetz erlassen, das ein Recht auf »tiefe und kontinuierliche Sedierung« verschafft. Unheilbar kranke Patienten können fortan auf eigenen Wunsch mit Medikamenten in einen Tiefschlaf versetzt werden, bis der Tod eintritt. Auch in Großbritannien bestehen ähnliche Diskussionen, die sich damit beschäftigen, ob volljährige Menschen, die unheilbar krank sind und eine geringere Lebenserwartung als ein Jahr haben, die Beihilfe zur Selbsttötung wählen können.

Für eine andere Rechtslage als in Deutschland und den bisher aufgelisteten Staaten haben sich die sogenannten Beneluxstaaten entschieden. Als erstes Land weltweit haben die Niederlande im Jahr 2002 eine gesetzliche Regelung verabschiedet, welche die aktive Sterbehilfe unter bestimmten Voraussetzungen gestattet. Das »Gesetz über die Kontrolle der Lebensbeendigung auf Verlangen und der Hilfe bei der Selbsttötung« sieht vor, dass der handelnde Arzt straffrei bleibt, wenn er vorgegebene Sorgfaltskriterien einhält. Diese Kriterien beinhalten, dass der Arzt überzeugt ist, dass der Wunsch des Patienten freiwillig und nach reiflicher Überlegung geäußert wurde, dass der Zustand des Patienten aussichtslos und sein Leiden unerträglich ist, dass er den Patienten über Situation und Aussichten aufgeklärt hat und zusammen mit ihm zu dem Schluss gelangt ist, dass es für die Situation keine andere annehmbare Lösung gibt, dass er mindestens einen anderen, unabhängigen Arzt konsultiert hat, der den Patienten untersucht und zu den bereits benannten Kriterien eine schriftliche Stellungnahme verfasst hat, und die Lebensbeendigung oder die Hilfe bei der Selbsttötung mit der gebotenen Sorgfalt erfolgt. Handelt es sich um Patienten, die ihren Willen nicht mehr äußern können, darf der Bitte um Sterbehilfe oder Hilfe bei der Selbsttötung nur nachgekommen werden, wenn die Person das 16. Lebensjahr vollendet hat und sie in der Vergangenheit ihre Bitte schriftlich erklärt hat. Auch Minderjährige ab 12 Jahren können in den Niederlanden das Recht auf aktive Sterbehilfe einfordern.

Die belgischen Regelungen zur Sterbehilfe haben insbesondere im Jahr 2014 Aufmerksamkeit erlangt, als ein verurteilter Sexualstraftäter um seine aktive Tötung bat. Diesen Wunsch begründete er damit, dass er im Gefängnis mangels des Angebots von geeigneten Therapiemaßnahmen unerträgliche psychische Qualen erleiden müsse. Nach einem langen Rechtsstreit urteilte ein Richter, dass der Straftäter sterben dürfe. Ungeachtet dieses speziellen Falles wurde in Belgien im Mai 2002 ein »Gesetz zur Euthanasie« verabschiedet, nach dem die Tötung auf Verlangen durch einen Arzt unter bestimmten Bedingungen erlaubt ist. Im Jahr 2014 kam es zur Erweiterung des Gesetzes auf Minderjährige ohne jegliche Altersbegrenzung.

Auch in Luxemburg kam es im Jahr 2009 zum Inkrafttreten eines Sterbehilfegesetzes, das aktive Sterbehilfe – ähnlich wie in den Niederlanden und Belgien – unter bestimmten Voraussetzungen erlaubt.

Die politische Diskussion in Deutschland

Wie bereits im vorherigen Kapitel erläutert, haben sich in den vergangenen Jahren vor allem in der Schweiz zahlrei-
Anh. 1.10 che Sterbehilfeorganisationen etabliert, die ihren Mitgliedern eine Selbsttötung ermöglichen. Bei einigen dieser Organisationen können auch ausländische unheilbar kranke Menschen Beihilfe zur Selbsttötung erlangen. In Anbetracht dieser Situation und der Tatsache, dass auch viele deutsche Bürger die Hilfe solcher Organisationen in Anspruch nehmen, wird in Deutschland diskutiert, ob eine organisierte Form der Suizidhilfe und damit auch die geschäftsmäßige Beihilfe zur Selbsttötung durch Vereine bzw. die gewerbsmäßige Suizidhilfe durch kommerzielle Anbieter verboten und unter Strafe gestellt werden soll.

Einige Volksvertreter sehen ein Verbot von organisierter Sterbehilfe als geboten an. Zur Begründung führen sie an, dass der Druck auf Schwerkranke, Alte und Behinderte zunehmen könne, ihrem Leben freiwillig ein Leben zu setzen, wenn dieses Vorgehen in der Gesellschaft »normal« werde. Es bestünde die Gefahr, dass die steigende gesellschaftliche Akzeptanz der Beihilfe zur Selbsttötung eine Stimmung mit sich bringe, in der von kranken Personen fast erwartet wird, den Weg der Selbsttötung zu gehen. Häufig sei der Sterbewunsch zudem nur Ausdruck einer empfundenen Ausweglosigkeit. Läge eine optimale palliativmedizinische Versorgung vor, so würden weniger Patienten den Wunsch nach einer Beendigung ihres Lebens verspüren. Es müsse das vorrangige Ziel sein, die Palliativ- und
Anh. 1.5 Hospizversorgung auszubauen und flächendeckend zu gewährleisten. Auf der anderen Seite wird angeführt, dass die

grundgesetzlich gewährleistete Menschenwürde es verbiete, Menschen zu einem qualvollen Tod durch ein Gesetz zu zwingen. Es gebe nämlich zahlreiche Leiden, die auch durch palliativmedizinische Maßnahmen nicht zufriedenstellend gelindert werden könnten. In diesen Fällen sei es ein Gebot der Menschenwürde, Patienten zu einem friedlichen Tod zu verhelfen. Diesbezüglich wird häufig auf das Meinungsbild der Gesellschaft verwiesen, das zeige, dass die Mehrheit der Bevölkerung ein selbstbestimmtes Sterben bevorzuge.

Entsprechend diesen unterschiedlichen Auffassungen zum Thema Beihilfe zur Selbsttötung existieren unterschiedliche Vorschläge für gesetzliche Regelungen. Exemplarisch seien drei Entwürfe vorgestellt:

- ☛ Einige Abgeordnete wollen die »geschäftsmäßige Suizidbeihilfe« im Strafgesetzbuch verbieten. Es würden alle Sterbehilfeorganisationen verboten, die ein organisiertes und regelmäßiges Angebot aufweisen. Von diesem Verbot würden auch Ärzte erfasst werden, die Suizidbeihilfe zu einem »regelmäßigen Gegenstand ihres Behandlungsangebots« machen. Letzteres solle im Einzelfall jedoch weiterhin möglich sein. Gleichzeitig sollen Palliativmedizin und Hospizangebote besser gefördert und ausgebaut werden.
- ☛ Eine andere Gruppe Abgeordneter will den assistierten Suizid hingegen im Bürgerlichen Gesetzbuch nur für Ärzte und unter strengen Bedingungen ausdrücklich erlauben. Der Sterbewillige muss beispielsweise volljährig und unheilbar krank sein, schwer leiden, darf aber nicht depressiv sein. Diese Diagnose müssen zwei Ärzte unabhängig voneinander stellen.
- ☛ Vereinzelt wird vorgeschlagen, organisierte Sterbehilfevereine nicht zu verbieten. Dabei solle unter Umständen gere-

gelt werden, dass aus der Beihilfe zur Selbsttötung kein Kapital erzielt werden dürfe, wobei eine Unkostenerstattung für die Helfer jedoch möglich sein soll.

Welche Ansicht sich letztlich durchsetzen und Eingang in ein neues Gesetz finden wird, bleibt abzuwarten.

5.

Wo will ich sterben?

Das ist ein Pensionat für Greise.
Hier hat man Zeit.
Die Endstation der Lebensreise
Ist nicht mehr weit.

Gestern trug man Kinderschuhe.
Heute sitzt man vorm Haus.
Morgen fährt man zur ewigen Ruhe
ins Jenseits hinaus.

Ach, so ein Leben ist rasch vergangen,
wie lange es auch sei.
Hat es nicht eben erst angefangen?
Schon ist's vorbei.

Die sich hier zur Ruhe setzen,
wissen vor allem das eine:
Das ist die letzte Station vor der letzten.
Dazwischen liegt keine.

Erich Kästner, 1899–1974

Das Sterben der anderen

Am 5. Mai 2015 schrieb Hermann Schreiber im Hamburger Abendblatt: »Kann es sein, dass der Tod ausstirbt? Das kann natürlich nicht sein. Aber man kann auf solche Ideen kommen, wenn man betrachtet, wie die Menschen in unserem Teil der Welt heute mit ihm umgehen – nämlich am liebsten gar nicht. (...) Der Tod passt einfach nicht mehr ins Bild einer Gesellschaft, die sich an Fortschritt, Fitness und vor allem an Jugendlichkeit orientiert. Der Tod ist etwas fürs Fernsehen oder für die Zeitung, für Krimis und allerlei Actionfilme, aber nicht etwas, das uns selber angeht. Der Tod ist immer der Tod der anderen.«

Jeder Mensch, der dieses Buch liest, deutet auf eine andere Entwicklung hin, ebenso die öffentliche Auseinandersetzung mit dem Thema Sterbehilfe. Viele Menschen wünschen sich eine deutlich intensivere Auseinandersetzung der Gesellschaft mit diesem Thema.

Gestützt wird dies durch eine Bevölkerungsumfrage der Stiftung Zentrum für Qualität in der Pflege (ZQP) im Jahr 2013. Ein interessantes Detail dieser Studie war die Frage: Welche Rolle spielt das Sterben in Ihrem Leben?

Fast 85 Prozent der Befragten gab an, sich schon einmal mit dem Tod auseinandergesetzt zu haben, berichteten über persönliche Erfahrungen mit Sterben und Tod, fast die Hälfte hat schon sterbende Angehörige gepflegt und begleitet. Interessant ist dabei die Aufteilung der Geschlechter, die sich auch in anderen Untersuchungen widerspiegelt. Angehörigenpflege ist nach wie vor weiblich. Es sind die Ehefrauen, Töchter oder Schwiegertöchter, die sich am meisten engagieren oder engagieren müssen. So wie es auch häufiger die Frauen sind, die in einer Ehe überleben, wegen ihrer höheren Lebenserwartung. Sie sind dann am Lebensende auf die Unterstützung von Institutionen angewiesen.

Für die meisten Befragten war das Wichtigste die bestmögliche Linderung belastender Symptome. Sie wünschten sich eine Begleitung, die den Umgang mit der Angst vor dem Sterben und dem Abschiednehmen in den Mittelpunkt stellt. Eine wichtige Voraussetzung war für sie auch die Versorgung mit Hilfsmitteln, um ein Sterben zu Hause möglich zu machen, und eine Beratung und Unterstützung der pflegenden Angehörigen. Die ausgesprochenen Wünsche verdeutlichen, dass es einen steigenden Bedarf an Strukturen gibt, die ein würdevolles Sterben überall ermöglichen.

Erfreulicherweise hat dies inzwischen auch »die Politik« mitbekommen. So wurde in der »Sterbehilfediskussion« im Bundestag auch auf die Notwendigkeit einer Ausweitung der Hospiz- und Palliativversorgung hingewiesen und erste Schritte eingeleitet. Am 29. April 2015 verabschiedete das Bundeskabinett das »Gesetz zum Ausbau der Hospiz- und Palliativversorgung«. Hier heißt es: »Ziel des Gesetzes ist (deshalb), durch Stärkung der Hospiz- und Palliativversorgung in ganz Deutschland ein flächendeckendes Angebot zu verwirklichen, damit alle Menschen an den Orten, an denen sie ihre letzte Lebensphase verbringen, auch im Sterben gut versorgt und begleitet sind.«

Auch gesellschaftliche Initiativen versuchen die jetzige Situation zu verbessern, darunter auch die Charta zur Betreuung Sterbender. Jede Privatperson kann sie unterstützen und sich damit für ein menschenwürdiges Sterben einsetzen (www.charta-zur-betreuung-sterbender.de).

Wunsch und Wirklichkeit

»Joachim ›Blacky‹ Fuchsberger ist am Donnerstag im Alter von 87 Jahren gestorben. ›Er ist friedlich eingeschlafen, in seinem eigenen Bett, so wie er es sich immer gewünscht hatte‹, sagte seine Frau Gundula gegenüber *Bild*« (*Focus*, 12.09.2014).

In dieser kurzen Notiz wird deutlich, welche Wünsche die meisten Menschen für ihr Sterben haben: Zu Hause soll es sein, möglichst im eigenen Bett. So antwortete über die Hälfte der Teilnehmer der ZQP-Studie auf die Frage: »Haben Sie sich schon einmal Gedanken gemacht, an welchem Ort Sie sich zum Sterben am besten aufgehoben fühlen würden?«

In einer telefonischen Befragung des Deutschen Hospiz- und PalliativVerbandes e. V. gaben sogar 66 Prozent diesen Wunsch an. Ein Hinweis darauf, wie wichtig der Ausbau der ambulanten Hospiz- und Palliativversorgung ist, um diesen Wunsch auch umsetzen zu können. Ein Viertel fühlt sich in einem Hospiz am besten aufgehoben. 4 Prozent würden eine stationäre Einrichtung zum Sterben vorziehen, 3 Prozent ein Krankenhaus.

Die Realität in Deutschland weicht deutlich von den Wünschen ab. Nach Schätzungen der Deutschen Gesellschaft für Palliativmedizin versterben die meisten Menschen im Krankenhaus und im Heim. Und es ist zu erwarten, dass für immer mehr Menschen die Begleitung am Lebensende im Pflegeheim oder in betreuten Wohneinrichtungen erfolgt. Denn dies wird für die zunehmende Zahl Alleinlebender der letzte Aufenthaltsort, wenn Pflege und Betreuung erforderlich sind. Nur für jeden Zweiten geht sein Wunsch in Erfüllung, zu Hause zu versterben, und nur eine verschwindend kleine Zahl von Menschen verstirbt im Hospiz oder auf einer Palliativstation.

Die überwiegende Mehrheit wünscht sich einen raschen, unerwarteten Tod, so der Palliativmediziner Domenico Borasio. Einfach ruhig einschlafen und dann am nächsten Tag nicht mehr aufwachen. Oder mitten aus dem Leben gerissen werden wie Udo Jürgens bei einem Spaziergang – zwischen zwei großen Konzertauftritten. Bei längerem Nachdenken kommen dann vielleicht Zweifel, stellt sich die Frage, wie es wohl den Angehörigen oder Freunden damit geht, wenn es keine Vorbereitung und kein Abschiednehmen gibt. Immerhin jeder Vierte wünscht sich ein verzögertes Sterben, die Möglichkeit, die letzten Dinge Kap. 10 zu regeln.

Wir müssen alle damit rechnen, an den Folgen unterschiedlichster Krankheiten zu sterben, haben also einen Weg vor uns, der kurz sein, aber auch Jahre dauern kann. Grund genug, sich mit den Bedingungen auseinanderzusetzen, sich in Sachen Begleitung zu orientieren.

Im Krankenhaus

Natürlich ging es ihr nicht so gut nach dem Tod ihres Ehemannes, es gab so viel allein zu entscheiden und Leerstunden zu füllen, neue Alltagsrituale zu entwickeln. Mit einer Nachbarin bestand die Vereinbarung, dass man »ein Auge aufeinander hat«, ob zum Beispiel morgens zur gewohnten Zeit die Gardinen aufgemacht werden.

Die Schwäche, die sie dann verspürte, die Abgeschlagen-

heit, Appetitverlust und Gewichtsverlust waren aber wohl etwas anderes als Trauer. Im Krankenhaus wurde eine chronische Leukämie (Krebs der weißen Blutkörperchen) diagnostiziert. Es kam ihrem Wunsch nach Selbstständigkeit sehr entgegen, dass die Chemotherapie mit Tabletten zu Hause durchgeführt und durch den Hausarzt kontrolliert werden konnte.

Einige Monate ging ihr Leben seinen gewohnten Gang, dann allerdings verschlechterte sich ihr Allgemeinzustand rapide. Die Schwäche führte auch zu mehreren Stürzen, glücklicherweise ohne gravierende Folgen. Ein Krankenhausaufenthalt war nicht zu umgehen.

Zunächst erfolgte eine Aufnahme in einem Mehrbettzimmer. Sie hatte nie etwas anderes gewollt, wollte keine Sonderbehandlung, fühlte sich eher geborgen und half gern anderen. Diesmal kam es allerdings zu Verwirrtheitszuständen mit Ängsten, welche aus der Lebensgeschichte zu erklären waren, aber ein Problem darstellten. In Absprache mit Ärzten und Pflegepersonal konnte es möglich gemacht werden, sie in ein Einzelzimmer zu verlegen. Auf der Abteilung wurden damals einige Betten als »Palliativbetten« ausgewiesen.

Sie hatte vieles im Leben mit sich allein ausgemacht und war nun offensichtlich in eine Lebensphase eingetreten, in der das Fürsichsein gut war, denn mit der Verlegung verschwanden Verfolgungswahn und Verwirrtheit. Und sie fand zur Ruhe. Ihre jüngste Tochter war von weiter her angereist und konnte auf dem Schlafsofa übernachten und mit ihrer älteren Schwester das Pflegepersonal unterstützen, Besucher konnten zusammen Kaffee trinken, während sie zunehmend mehr schlief.

In Übereinstimmung mit ihren Wünschen wurden die Medikamente abgesetzt, Bluttransfusionen nicht mehr durch-

geführt. Die Pflege konzentrierte sich auf das Wohlbefinden und den Versuch, die Schmerzen einer Durchliegestelle zu lindern. Das gelang nicht ganz, sodass die Nächte unruhig wurden. Nach einer solchen Nacht teilte sie ihrer Tochter mit: »Ich kann nicht mehr.«

In einem gemeinsamen Gespräch wurde über den Einsatz von Morphium gesprochen und dieses durch den betreuenden Arzt verordnet. Auf die Frage, wie es ihr danach ginge, hat sie gelächelt und leise »Wunderbar« gesagt.

Sie muss gespürt haben, dass ihre jüngere Tochter am Ende ihrer Kräfte war, und ging ihren eigenen Weg. Als die Tochter fragte, ob es ihr recht sei, dass sie erneut über Nacht bei ihr bliebe, hat sie klargemacht, dass sie allein sein wolle. Auch die anderen Kinder waren gekommen, und sie verabschiedete sich mit den Worten: »Macht es gut.« Einem Pfleger, den sie sehr schätzte, bestätigte sie noch einmal ihren Wunsch, allein zu sein. Wie tröstlich war es für die Angehörigen, bestätigt zu finden, dass sie die Mutter nicht alleinließen im Sinne von sich nicht mehr kümmern, sondern einen Wunsch ermöglichten. Den Wunsch, endgültig loslassen zu können.

Als der Pfleger nach einer halben Stunde nach ihr sah, war sie verstorben. Die Töchter waren sich unsicher, ob es ihrer Mutter recht gewesen wäre, von ihren Kindern gewaschen zu werden, und sehr einfühlsam übernahmen die Pflegekräfte auch diesen letzten Dienst. Sie wurde gewaschen und so im Bett gelagert, dass ihre Erscheinung etwas überaus Friedliches hatte. Dann verließen die Pflegekräfte das Zimmer und gaben Raum für den Abschied.

Auch im Krankenhaus ist ein Sterben in Würde und nach den eigenen Wünschen möglich. Ein Raum, in dem Stille, aber auch Nähe möglich war, wurde eingerichtet. Die Ärzte verzichteten auf alle Maßnahmen, die einer ungewollten Verlängerung des Lebens gedient hätten. Schmerzen wurden gelindert und die Pflege ausschließlich an den Wünschen der Sterbenden orientiert. Die Angehörigen bekamen die Möglichkeit des Daseins und wurden unterstützt in ihrer Unsicherheit, wie sie sich zum Wunsch der Mutter nach Alleinsein stellen sollten.

Die Zeiten, in denen Sterbende im wahrsten Sinne des Wortes abgeschoben wurden, auf den Flur oder in eine Kammer, sind glücklicherweise vorbei. Allerdings gibt es nach wie vor Mängel, an denen gearbeitet werden muss, aber auch hoffnungsvolle Ansätze.

Dies zeigte die sogenannte Gießener Sterbestudie von 2013. An ihr nahmen über 1400 Pflegekräfte und Ärzte aus 212 Krankenhäusern in ganz Deutschland teil. Krankenhäuser sind demnach immer noch Einrichtungen, in denen es im Wesentlichen um das Heilen und die Wiederherstellung der Gesundheit geht, ungeachtet der Tatsache, dass dort jährlich ca. 400.000 Menschen sterben. Insgesamt resümieren die Autoren aber: »Die Verfasser wollen an dieser Stelle ausdrücklich betonen, dass das Krankenhaus – entgegen immer wieder zu hörender grundsätzlicher ›Nichtzuständigkeit‹ – ein sehr guter Ort für das Sterben und die Sterbenden sein kann. Es ist an diesem Ort sehr wohl möglich, den Sterbenden Geborgenheit, Sicherheit und Zuwendung zu stiften und sie gemeinsam mit den Angehörigen am Ende des Lebenswegs würdevoll zu verabschieden, wie dies jeden Tag auch schon heute durch umsichtige und engagierte Ärzte und Mitarbeiter ermöglicht wird.«

Ein eher unauffälliger Leberfleck am Bein stellte sich bei genauerer Untersuchung als Hautkrebs heraus. Er musste umfassend entfernt werden und hinterließ eine nicht richtig heilende Wunde. Erschwerend kam hinzu, dass wahrscheinlich durch einen Lymphstau im Bein die Wunde ständig nässte. Aber mit Verbandwechseln durch einen Pflegedienst und regelmäßiger Lymphdrainage konnte die Situation stabilisiert werden und sie weiter in ihrer Wohnung im zweiten Stock bleiben.

Kontrolluntersuchungen wiesen dann Absiedelungen in der Lunge und im Unterbauch nach. Sie nahm ab und wurde schwächer. Die Unterstützung durch Freunde und eine Reinigungskraft bewahrten sie davor, über eine Betreuung in einem Heim nachzudenken. Für Notfälle hatte sie einen Hausnotruf.

Dann passierte es. In der Wohnung kam es zu einem Wasserschaden durch ein leckes Rohr im Bad. Der Holzfußboden unter dem Teppich im Flur quoll auf und hob den Teppich an, was bei der schummrigen Beleuchtung nicht zu sehen war. Der Sturz kam so unerwartet, dass sie nicht in der Lage war, sich abzustützen, und auf das Gesicht fiel.

Glücklicherweise hatte sie gerade Besuch, ein Rettungswagen wurde gerufen und brachte sie in ein Krankenhaus, in welchem sie bekannt war. Knochenbrüche im Nasen- und Augenbereich wurden versorgt und sie wurde zur Rehabilitation in ein anderes Krankenhaus verlegt.

Einerseits erholte sie sich dort, andererseits schritt der körperliche Abbau aber wegen ihres Krebsleidens weiter fort, sodass sie nicht mehr in der Lage war aufzustehen. Es gab keine wirkliche Perspektive hinsichtlich verbesserter Mobilität und damit keinen Grund für einen weiteren Krankenhausaufenthalt. Und sie hatte Krankenhäuser auch wirklich satt, zu oft war sie in den letzten Jahren dort gewesen. Gern wäre sie wieder nach Hause gegangen und hätte sich dort von einem Pflegedienst betreuen lassen.

Dem stand allerdings der Zustand der Wohnung entgegen. Die Angehörigen waren ohnehin skeptisch, aber der Zustand der Wohnung entschied alles. Eine umfassende Renovierung und Sanierung war erforderlich, die Monate dauern würde. Als Alternative blieb zunächst nur die Aufnahme in einem Pflegeheim. Durch einen Gutachter des Medizinischen Dienstes der Krankenversicherung (MDK) war Pflegebedürftigkeit festgestellt worden. Damit hatte sie im Rahmen der Leistungen nach dem Pflegeversicherungsgesetz ein Anrecht auf vier Wochen Kurzzeitpflege zulasten der Pflegekasse. Anh. 2.4 Auf diese Weise war ihr die Sorge genommen, sie könne finanzielle Probleme bekommen. Das war schon eine große Beruhigung.

Über das Internet war es für die Angehörigen nicht schwer, Einrichtungen in Wohnortnähe zu finden und zunächst deren Selbstdarstellung und die Bewertung der Qualität durch den Medizinischen Dienst der Krankenversicherung einzusehen. Anh. 1.6 Bei einem Hausbesuch und in Gesprächen mit der Pflegedienstleitung bestätigte sich der gute Eindruck. Glücklicherweise hatte sie schon lange vorher Vollmachten zur Regelung der letzten Dinge erteilt, sodass ihre Angehörigen in ihrem Sinne handeln konnten. Anh. 1.1–3

Am Jahresende kam es zu einem deutlichen Rückzug mit zeitweiser Desorientiertheit und Bewusstseinseintrübungen. Der Appetit schwand und es bestand wenig Bedürfnis zu *trinken, sodass eine Flüssigkeitszufuhr über Infusionen erfolgte. Es wurde klar, dass die Entscheidung zur Heimaufnahme nun nicht mehr in Frage stand.*

Am Anfang des Jahres erfolgte dann die Verlegung. Sie bekam ein helles freundliches Zimmer, wurde umsorgt und körperlich gut gepflegt. Angehörige und Freunde konnten jederzeit zu ihr kommen, Fragen wurden beantwortet und Wünsche erfüllt.

Zur fachlichen Unterstützung der Pflege im Pflegeheim Anh. 1.5 *wurde spezialisierte ambulante Palliativversorgung verordnet. Ambulant bedeutet auch Versorgung im jeweiligen Lebensumfeld. Die Mitarbeiter des Palliativteams berieten die Pflegekräfte des Heimes in Fragen der Symptomlinderung und klärten mit ihr in den Phasen, in denen sie wach war, ihre Wünsche. Die Schmerzen wurden ausreichend mit Opiatpflastern oder bei Bedarf Morphininjektionen gelindert.*

Sie wurde immer schläfriger, war aber kurzfristig ansprechbar und nahm dann auch Kontakt auf, der aber nur kurz gehalten werden konnte. Essen und Trinken verloren ihre Bedeutung und es wurde nicht insistiert, sondern immer wieder etwas angeboten und durch Mundpflege unterstützt. Anderthalb Wochen nach ihrer Aufnahme verstarb sie friedlich.

Zurzeit leben etwa 743.000 Menschen in den rund 11.600 deutschen Pflegeheimen. Und sterben dort auch. Rund 350.000 Sterbefälle im Jahr fordern also ein Nachdenken über die Situation und Lösungsansätze, wenn die *Frankfurter Rundschau* nicht recht behalten soll mit der Überschrift »Sterben in Deutschland: Kein schöner Tod«.

Jährlich wird die Qualität der Pflegeeinrichtungen durch den Medizinischen Dienst der Krankenversicherungen überprüft. Die Frage »Gibt es ein Angebot zur Sterbebegleitung auf der Basis eines Konzepts, das den Mitarbeitern bekannt ist?« wurde dort zuletzt von einer großen Anzahl von Heimen mit Ja beantwortet.

Dies spiegelt sich in der Pflegerealität aber nicht überall wider. Immer wieder gibt es Berichte von offenkundigen Mängeln bei der Betreuung von Pflegeheimbewohnern. Anlass für die Gesellschaft für Palliativmedizin, konkret zu fordern, dass »Politik, Selbstverwaltung und Träger der Einrichtungen die notwendigen Rahmenbedingungen schaffen und die erforderlichen finanziellen Mittel bereitstellen, damit die Leistungserbringer ihren gesellschaftlichen und zugleich gesetzlichen Versorgungsauftrag adäquat wahrnehmen können«.

Erste Beispiele dafür lassen sich finden. So hat das Ministerium für Gesundheit, Emanzipation, Pflege und Alter des Landes Nordrhein-Westfalen 2014 praktische Umsetzungsmöglichkeiten veröffentlicht, welche die Möglichkeiten für eine ganzheitliche, bedarfsgerechte Palliativversorgung schwerstkranker und sterbender Menschen aufzeigen.

Ein Blick ins Internet zeigt eine zunehmende Zahl von Einrichtungen mit Konzepten zur Sterbebegleitung. Stellvertretend sei aus dem Konzept des Evangelischen Altenzentrums Hückelhoven zitiert: »Die Entscheidung darüber, ob das Sterbenmüssen akzeptiert wird oder ob lebensverlängernde Maßnahmen getroffen werden, sollte gemeinsam mit dem/der Sterbenden (falls möglich), dem Pflegeteam, dem Arzt und den Angehörigen getroffen werden. In unserer Einrichtung möchten wir aber für den Fall, dass im finalen Stadium des Sterbens bei infauster Prognose eine weitere medizinische Behandlung nur Leidensverlängerung bedeuten würde, auf weitere Therapien bzw. eine Krankenhauseinweisung verzichten; wir ziehen eine lindernde Pflege (Palliativpflege) vor. Hierzu haben wir besondere Pflegestandards erarbeitet. Die Begleitung Sterbender und ihrer Angehörigen ist ein Schlüsselprozess in unserer Einrichtung.«

Solche Veröffentlichungen können bei der Suche nach einem geeigneten Pflegeheim zu einer Vorentscheidung beitragen. Die Stiftung Warentest hat einen Ratgeber herausgegeben, dem man Kriterien zur Beurteilung eines Heims entnehmen kann. Solche Kriterienkataloge gibt es zum Anh. 1.6 Beispiel auch von der AOK oder dem Heimträger casa reha.

Am besten ist immer noch der persönliche Eindruck, das heißt, das ausgesuchte Heim zu besuchen und alle Fragen zu stellen, die einem wichtig sind. Generell lässt sich sagen, dass ein Pflegeheim, in welchem offen auf Fragen eingegangen und eine Besichtigung nicht als Störung empfunden wird, schon in die engere Wahl kommen sollte. Vielleicht ist die Einrichtung ja auch in der Nachbarschaft bekannt, zum Beispiel durch Tage der offenen Tür oder öffentliche Informationsveranstaltungen oder Feiern. Pflegebedürftige, die von ihren Angehörigen versorgt werden, können ihr Anrecht auf 4 Wochen Kurzzeitpflege zum Beispiel zum Probewohnen nutzen und sich so einen Ein- Anh. 2.4 druck von einem Pflegeheim verschaffen.

Zu Hause

Trotz einer entsprechenden Therapie waren die Kopfschmerzen zurückgekehrt und der Gang wurde zunehmend unsi-

cher. Ein erneuter Krankenhausaufenthalt war unumgänglich. Was würde diesmal unternommen werden können, nach mehrfachen Operationen, Chemo- und Strahlentherapie des Hirntumors?

Nervenärzte und auf die Behandlung von Krebs spezialisierte Ärzte setzten sich zusammen und kamen zu dem Ergebnis, dass eine direkte Bekämpfung des wieder wachsenden Tumors nicht möglich wäre, allerdings eine Behandlung der Symptome und die Möglichkeit, das weitere Wachstum mit einer speziellen Chemotherapie zu begrenzen. In der Fachsprache wird dieser Ansatz »Best Supportive Care-Therapie« genannt.

Es war ihm klar, dass er zu Hause bleiben wollte, in der Umgebung, welche ihm Sicherheit gab und vertraut war. Allerdings würden er und seine in Vollzeit arbeitende Frau sicher Unterstützung brauchen. Zunächst nicht so sehr bei direkten Hilfestellungen, noch war er in der Lage, wenn auch verlangsamt, wesentliche Verrichtungen des Alltags selbst durchzuführen.

Aber da waren die immer wieder auftretenden Kopfschmerzen, Übelkeit und Erbrechen, die Aufmerksamkeit und Behandlung erforderten. Es gab Momente der Verzweiflung und der Trauer über die Situation, über das frühe, absehbare Sterben, Fragen an kompetente Gesprächspartner. Die immer wieder auftretenden Zweifel seiner Ehefrau, ob der Wunsch nach einem Verbleib im Hause erfüllt werden könnte, ob die Kraft reichen würde. Auch sie brauchte Unterstützung.

Der Hausarzt verordnete daraufhin spezialisierte ambulante Palliativversorgung (SAPV) zur Stärkung seiner noch vorhandenen Fähigkeiten, der Stützung seiner Ehefrau und

der Hilfe bei Krisensituationen durch eine 24-Stunden-Ruf-
Anh. 2.2 *bereitschaft. Kurz danach kamen eine Ärztin und eine Pflegekraft des Palliativteams. Gemeinsam wurde der Hilfebedarf erörtert und besprochen, welche Maßnahmen erforderlich waren zur Linderung der Krankheitssymptome. Ein regelmäßiger Besuchsdienst durch die Pflegekräfte wurde etabliert, für medizinische Entscheidungen standen die Ärzte im Team zur Verfügung, die in Übereinstimmung mit dem Hausarzt erforderliche Besuche machten.*

Gemeinsam wurden auch Absprachen für den Notfall getroffen. Er wollte möglichst zu Hause bleiben, falls eine Krankenhausversorgung nicht zu umgehen wäre, wurde die Abteilung festgelegt, die ihn auch bisher betreut hatte. Seine
Anh. 1.1 *Ehefrau hatte er bereits bevollmächtigt, ihn bei Unfähigkeit zu eigenen Entscheidungen zu vertreten. Mit Unterstützung*
Anh. 1.3 *der Ärztin des Palliativteams wurde eine Patientenverfügung erstellt, in der besonders das gewünschte Vorgehen hinsichtlich künstlicher Ernährung, des Auftretens von Krampfanfällen und ein Koma geregelt wurden.*

Innerhalb der nächsten zwei Monate verschlechterte sich die Situation, es kamen häufige epileptische Anfälle hinzu mit Stürzen, etwa beim Versuch, zur Toilette zu gehen.

Aufgrund der Berufstätigkeit seiner Ehefrau war er häufig allein zu Hause, auf Anraten des Palliativteams wurde daher ein Antrag auf Aufnahme in einem Hospiz gestellt, was zusätzliche Sicherheit brachte, dann aber doch nicht wahrgenommen wurde. Die Symptome wie Kopfschmerzen und Krampfanfälle konnten durch entsprechende Medikamente beherrscht werden, auch die Chemotherapie wurde gut vertragen.

Langsam nahmen die körperlichen Kräfte weiter ab. Ein Antrag auf Leistungen der Pflegeversicherung wurde gestellt und nach Feststellung einer Pflegestufe die Grundpflege durch einen Pflegedienst übernommen. Der Hilfebedarf nahm kontinuierlich zu, bis dann weitere zwei Monate später die Körperpflege vollständig übernommen werden musste. Die Aufenthalte in einem Rollstuhl wurden selten. Was zur Freude aller erhalten blieb war die Fähigkeit, zu denken und zu kommunizieren, und so konnten viele auch freudige Erlebnisse mit den Mitarbeiterinnen der Dienste, den Freunden und seiner Frau geteilt werden. Anh. 2.5

Die letzte Phase des Lebens kündigte sich durch einen fast vollständigen Rückzug an. Er war noch kontaktierbar, reagierte aber kaum noch auf seine Außenwelt. Unterstützt vom Palliativ Care Team und von Freunden wurde er gepflegt, schmerzfrei gelagert und umsorgt bis zu seinem Tode wenige Tage später.

Seit 2007 gibt es einen gesetzlichen Anspruch auf spezialisierte ambulante Palliativbehandlung (SAPV) im gewohnten Lebensumfeld, d. h. sowohl im Pflegeheim als auch zu Hause. In den Verträgen, die die Krankenkassen mit den Leistungserbringern abschließen, werden die Aufgaben der Palliativteams klar dargestellt: »Die spezialisierte ambulante palliative Versorgung dient dem Ziel, die Lebensqualität und die Selbstbestimmung schwerstkranker Menschen zu erhalten, zu fördern und zu verbessern und ihnen ein menschenwürdiges Leben bis zum Tod in ihrer häuslichen Umgebung oder in stationären Pflegeeinrichtungen zu ermöglichen. Das Sterben zu Hause stellt heute noch eine Ausnahme dar, obwohl 70 Prozent der Betroffenen diesen Wunsch haben. (...) Die individuellen Bedürfnisse und Wünsche dieser Menschen sowie die Belange ihrer Ange- Anh. 2.3

hörigen oder vertrauten Personen stehen dabei im Mittelpunkt der Versorgung. Der Patientenwille, der auch durch Patientenverfügungen zum Ausdruck kommen kann, ist zu beachten.«

Die Lebenssituation eines zum Beispiel an Krebs erkrankten Menschen kann sich schnell so verändern, dass die eigenen Fähigkeiten zur Bewältigung nicht mehr ausreichen. Auch das soziale Umfeld, Freunde und die Familie kommen häufig an ihre Grenzen, insbesondere wenn etwa Wunden zu versorgen sind oder Medikamente injiziert werden müssen. Häufig besteht auch die Angst, etwas falsch zu machen oder in Situationen zu kommen, denen man nicht gewachsen ist. Aber dies ist nicht zwingend ein Grund für eine Versorgung in einer Institution. Auch zu Hause können fast alle erforderlichen Maßnahmen mit der Unterstützung spezialisierter Pflegedienste durchgeführt werden.

Ist die Notwendigkeit einer Palliativversorgung gegeben, sollte zunächst der Kontakt zu einem Palliativ-Care-Team (PCT) hergestellt werden. Zurzeit gibt es in Deutschland 277 dieser Teams, die über das Internet, über Pflegestützpunkte oder Nachfragen bei den Krankenkassen leicht zu
Anh. 1.5 finden sind. Zunächst klären deren Mitarbeiter bei einem Hausbesuch mit Ihnen, welchen Hilfebedarf Sie haben und ob die Bedingungen zu Hause eine ambulante Betreuung möglich machen. Dazu gehört die Beurteilung des Wohnumfeldes, insbesondere der sanitären Einrichtungen, die durch den Einsatz von Hilfsmitteln fast immer so hergerichtet werden können, dass eine Versorgung möglich wird. Dann wird abgeklärt, ob die Voraussetzungen für den Einsatz eines Palliativteams gegeben sind. Das Team informiert darüber, welche weiteren Schritte erforderlich sind, und

leistet bei Bedarf auch direkt Unterstützung. Im Krankenhaus findet diese Aufklärung durch den Sozialdienst statt.

Als Nächstes wird die Palliativversorgung vom Hausarzt oder Arzt des Krankenhauses verordnet. Vom Krankenhausarzt für 7 Tage, vom Hausarzt für 30 Tage. Diese Verordnungen müssen innerhalb von 3 Tagen bei den Krankenkassen vorgelegt werden. Ist die Notwendigkeit gegeben, übernehmen diese die Kosten, ohne dass Zuzahlungen erforderlich sind. Da Privatkassen häufig nur Teilkosten übernehmen, sollte hier eine vorherige Klärung erfolgen. Vor Ablauf der Verordnungsfristen müssen Folgeanträge gestellt werden, darum kümmern sich in der Regel die Palliativteams, auch um die Ausstellung der Todesbescheinigung nach dem Ableben. Üblicherweise sind es die betreuenden Ärzte, die die Bescheinigung ausstellen, unter Umständen auch der ärztliche Notdienst. Da dieser sich mit den betreuenden Palliativmedizinern besprechen kann, geschieht auch dies meist ohne Probleme.

Zu Beginn der Betreuung durch ein Palliativteam erfolgt ein Hausbesuch durch eine Ärztin oder einen Arzt und eine Pflegefachkraft. Diese führen ein sogenanntes Assessment durch, eine gemeinsame Einschätzung des Hilfebedarfes und Festlegung der erforderlichen Maßnahmen, wie sie von dem zu Betreuenden gewünscht werden. Diese Einschätzung ist die Grundlage der weiteren Betreuung, sie wird regelmäßig aktualisiert, um Änderungen der Lebenssituation oder der Bedürfnisse zu erfassen und Hilfen entsprechend anzupassen. Alle Mitarbeiter sind neben ihrer beruflichen Qualifikation zusätzlich in Palliativmedizin bzw. Palliativ Care ausgebildet. Eine Erreichbarkeit rund um die Uhr wird vorausgesetzt.

Zum Aufgabenbereich des Palliativteams gehören alle notwendigen Krankenbehandlungen wie zum Beispiel Wundbehandlungen, Versorgung von Sonden und Systemen zur Medikamentengabe, Aufbringen von Schmerzpflastern, Injektionen unter ärztlicher Beratung und Begleitung. Außerdem die Koordination von Maßnahmen wie Untersuchungen und Behandlungen und die Versorgung mit notwendigen Medikamenten, wenn die Betroffenen oder deren Angehörige dies wünschen. Der Betreute soll entlastet sein von der Mühe, Termine zu machen oder sich um Unterlagen und Anträge zu kümmern.

Hierzu gehört auch die Einschaltung von zusätzlichen Hilfsangeboten von Ehrenamtlichen. Diese machen zum Beispiel Erledigungen, ermöglichen, falls durchführbar, Spaziergänge oder Ausfahrten. Sie lesen vor, hören zu oder sind einfach nur da. Auch bei sozialen Problemen, etwa der Versorgung von Kindern Alleinerziehender, helfen die Teams. Sie stellen die Kontakte zu den zuständigen Jugendämtern her und unterstützen deren Entscheidungen durch fachliche Informationen.

Die Beantragung von Leistungen der Pflegekasse ist häufig mit Ängsten verbunden: Da kommt ein Gutachter und stellt Fragen, von deren Beantwortung wichtige finanzielle Entscheidungen abhängen. Dieser Situation muss sich niemand allein stellen, die Mitarbeiter des Teams stehen bei der Begutachtung zur Seite und erläutern die Situation von fachlicher Seite.

Nicht zum Leistungsumfang gehören allerdings die Pflegeleistungen, die sich aus Pflegebedürftigkeit ergeben und im Rahmen der Leistungen der Pflegeversicherung erbracht werden. Teilweise werden diese Leistungen auch vom Palliativteam mit erbracht; es kann aber auch sein, dass die Angehörigen dies übernehmen wollen oder ein anderer Pflegedienst dies übernehmen muss.

Die Häufigkeit der Einsätze richtet sich nach der jeweiligen Situation. Zunächst reicht es vielleicht aus, wöchentlich die Schmerzbehandlung zu überprüfen, irgendwann kann es eventuell erforderlich werden, mehrfach am Tag zu kommen. Dabei stehen nicht immer nur pflegerische Handlungen oder ärztliche Entscheidungen im Vordergrund, sondern häufig auch entlastende Gespräche mit den Angehörigen, Unterstützung beim Verstehen dessen, was in der Sterbephase geschieht. Körperliche Veränderungen ängstigen und machen hilflos – da ist es gut, jemanden an der Seite zu haben, der diese erklären kann.

Im Hospiz

Es war so ein schöner Geburtstag gewesen, der 80., im Kreise der Familie. Einige Tage danach bemerkte sie, wie ihr rechtes Bein anschwoll. Es fühlte sich schwer an, irgendwie anders als das linke Bein. Sie beschloss das Ganze eine Weile zu ignorieren, aber ihre Unruhe wuchs. Als dann ihre Enkelin auf einen Arztbesuch drang, gab sie nach.

Schnell wurde der Zusammenhang klar. Die Schwellung des Beines war hervorgerufen worden durch einen Lymphstau, verursacht durch veränderte Lymphknoten in der Leiste wegen eines Darmkrebses. Vor einer Operation, deren Erfolg die Ärzte optimistisch mit 90 Prozent angaben, sollte der Krebs mittels Chemotherapie und Röntgenbestrahlungen verkleinert werden. Zur Entlastung des Darmes musste ein künstlicher Darmaus-

gang gelegt werden, mit der Hoffnung auf Rückverlegung bei gutem Verlauf.

Die vorbereitende Chemo- und Röntgentherapie wurde gut vertragen und die Operation verlief ohne weitere Probleme. Hoffnung keimte auf. Dann wurde klar, dass eine weitere Chemotherapie erforderlich war, um das Ergebnis zu sichern. Diese wurde allerdings nicht mehr vertragen. Ihre größte Befürchtung, der Verlust der Haare, trat nicht ein, aber Übelkeit, Schmerzen und Schwäche waren so gravierend, dass sie beschloss, die Chemotherapie abzubrechen.

Nach ihrem Entschluss war sie wie verwandelt, als ob eine Last von den Schultern gefallen wäre. Sie machte wieder Pläne, ging wieder aus dem Haus, ins Theater, unter Menschen. Auch den nun doch erst einmal verbleibenden künstlichen Darmausgang konnte sie akzeptieren.

Es war eine ausgefüllte Zeit, und es war geplant, mit Tochter und Schwiegersohn einen Kurzurlaub an der Ostsee zu machen, als kurz vor der Abreise Schmerzen im Rücken einen erneuten Besuch beim Arzt erforderten. Ursache waren Tochtergeschwülste in den Lungen, die glücklicherweise die Atmung nicht einschränkten. Die Schmerzen wurden erfolgreich mit Morphin behandelt. Der Urlaub war ein voller Erfolg: Sie genoss noch einmal das Leben in vollen Zügen, ging spazieren, essen und shoppen, als wenn sie noch alle Zeit der Welt haben würde. Am letzten Abend allerdings erinnerte ihr Körper sie sehr deutlich an ihre Krankheit.

Zu Hause angekommen, brauchte sie die Unterstützung der Familie und eines Teams der spezialisierten ambulanten Palliativversorgung, das sich im Wesentlichen um die Linderung der Schmerzen und die Versorgung des künstlichen Darmausgangs kümmerte.

Die Hauptlast der Versorgung trug die Tochter, deren Überforderung sie schnell spürte, sowohl körperlich als auch seelisch. Dies äußerte sich dann häufig in kleinen Putzorgien oder »sinnlosem« Staubsaugen hinter dem Pflegedienst her.

Schon lange vorher hatte sie sich über Hospize informiert. Als ihr die Kräfte zu wenig und der zum Teil hilflose Trubel der Angehörigen und Freunde zu viel wurden, entschloss sie sich zum Umzug. So würde sie der Familie keine Belastung mehr sein und besonders in den Nächten immer professionelle Hilfe um sich herum haben.

Ihre Tochter traf das hart: Hospiz? Das war doch der Ort, an dem gestorben wurde. War der Umzug nicht das Eingeständnis »Jetzt ist es so weit«? Ja, sie hatte auch mal kurz in so eine Broschüre geschaut, aber keine rechte Vorstellung davon, dachte an kalte Flure und eine unpersönliche Umgebung.

Aber es war ganz anders. Vor der Einrichtung standen die Pflegekräfte, um sie als neuen Gast zu begrüßen und sich vorzustellen. Das Einzelzimmer war in hellem Holz gehalten, große Fenster waren zum Garten hin offen, über eine Tür konnte das Bett auf die Terrasse geschoben werden. Es gab sogar die Möglichkeit, das Zimmer persönlich zu gestalten. Darauf verzichtete sie, aber die Bilder der Enkel bekamen natürlich einen prominenten Platz in Blickrichtung.

Die Pflegekräfte kümmerten sich hochprofessionell um ihre körperlichen Belange. Sie waren immer zu sprechen und wurden auch initiativ. So kamen sie beispielsweise immer mal mit Leckereien oder boten – es war inzwischen wieder Sommer geworden, der zweite nach der Diagnose – Eis an oder kühle Getränke. Besondere Wünsche wurden erfüllt, selbst wenn jemand dafür schnell mal einkaufen gehen musste.

Was sie selbst wohl nicht für wahrscheinlich gehalten hatte, ihre Tochter schon gar nicht, geschah. Sie blühte auf und nahm an dem Leben des Hospizes teil, in dem es natürlich Phasen der Trauer und des Abschieds gab, aber auch sehr lebendige heitere Stunden. Hatte sie zunächst Angst, sich zu zeigen, führten die Angebote der Pflegekräfte dazu, zunächst die Terrasse, dann den Garten zu genießen. Sie trank Kaffee mit dem Nachbarn, ihr kleiner Hund durfte nicht nur sie, sondern auch andere Gäste besuchen.

Ihre Tochter nahm so oft wie möglich an ihrem neuen Leben teil. Natürlich gab es auch Zeiten der Verzweiflung, wenn der Tochter wieder klar wurde, dass es eben doch der letzte Abschnitt im gemeinsamen Leben war. Es tat gut, dann mit den Mitarbeitern des Hospizes zu sprechen oder sich mit anderen Angehörigen auszutauschen. Auch nach ihrem Tod war ihre Tochter nicht alleingelassen, sie konnte an einer Gesprächsgruppe für Trauernde teilnehmen und einmal im Jahr gab es in der Kapelle des Hospizes einen Gedenkgottesdienst.

Wenn die Tochter ging, gab es immer ein kleines Ritual mit den Pflegekräften: »Mein Handy ist immer an.« – »Ja, das wissen wir. Sobald etwas ist, rufen wir an.«

Der 82. Geburtstag wurde nicht mehr so groß gefeiert, blieb aber allen unvergessen. Auch Geschenke gab es, darunter eine große Topfpflanze, die noch heute die Terrasse schmückt. Das hatte sie noch schaffen wollen, nicht ganz 84, wie sie einmal mutig gesagt hatte, aber 82, immerhin!

Danach wurde sie ruhiger, nahm langsam Abschied vom Leben und ihren Lieben. Dann wurden die Phasen des Rückzugs länger, und fast drei Monate nach der Umsiedelung in das Hospiz tat sie, Tochter und Enkelin an ihrer Seite, den letzten ruhigen Atemzug.

Gemeinsam mit den Pflegekräften wuschen sie die Tote und kleideten sie in ihre Lieblingskleidung, das Bett wurde geschmückt und so ein würdiger Rahmen für das Abschiednehmen aller geschaffen, welches die Familie in Ruhe selbst gestalten konnte. In einem großen Buch in der Eingangszone wurde der Tod verkündet und damit die Möglichkeit zum Kondolieren gegeben. Eine Kerze wurde entzündet.

Nach dem Sozialgesetzbuch V § 39a Absatz 1 haben Menschen, die eine palliativmedizinische Betreuung benötigen, dafür aber nicht in ein Krankenhaus müssen, Anspruch auf finanzielle Unterstützung für eine stationäre Versorgung in einem Hospiz. Dies immer dann, wenn die Versor- Anh. 2.2
gung im Haushalt oder der Familie nicht möglich ist.

Die Kosten werden vollständig von Krankenkassen und Pflegekassen gemeinsam getragen, sodass niemand die Befürchtung haben muss, sich eine Betreuung dort nicht leisten zu können. Voraussetzung ist eine ärztliche Bescheinigung, in der die Notwendigkeit der vollstationären Hospizversorgung dargelegt wird. Die meisten Hospize haben Hinweise vorbereitet, die bei der Antragstellung unterstützen. Diese kann durch den Hausarzt oder den Sozialdienst des entlassenden Krankenhauses erfolgen und dient der Einrichtung dazu, die Kostenfrage mit Kranken- und Pflegekasse zu regeln. Privatversicherte sollten vorsichtshalber die Kostenübernahme im Voraus klären.

Zurzeit gibt es in Deutschland 214 stationäre Hospize, die über das Internet, die Krankenkassen oder die Pflegestützpunkte der Bundesländer gefunden werden können. Anh. 1.5
Hier wird eine formlose Anfrage nach einem freien Platz gestellt. Idealerweise findet vorher ein Besuch des Hospizes

statt, um den Einzug dort vorzubereiten. Alle Beteiligten brauchen Vorbereitung, ist doch die Aufnahme auch das sichtbare Eingeständnis, dass jetzt der letzte Teil des Lebensweges begonnen hat.

Menschen, die an einer unheilbaren Krankheit leiden, die absehbar das Leben verkürzt, und die deswegen palliativmedizinisch und -pflegerisch betreut werden müssen, erfüllen die Aufnahmevoraussetzungen. Ist diese erfolgt, gilt die Zusicherung der Kassen zunächst für 28 Tage und wird je nach Notwendigkeit bei ausreichender Begründung verlängert.

Nicht immer lässt sich der Verlauf einer Erkrankung sicher vorhersagen. Die meisten Menschen versterben im Hospiz; es gibt aber auch Fälle wesentlicher Besserung, in denen die Notwendigkeit dieser speziellen Versorgung objektiv nicht mehr besteht. Dann muss eine Entlassung nach Hause oder in ein Pflegeheim erfolgen. Auch wenn dies im Einzelfall eine persönliche Härte bedeuten kann, ist es doch nachvollziehbar, da es nur eine beschränkte Zahl von stationären Hospizen gibt.

Anders als Palliativstationen, die zu Krankenhäusern gehören, sind Hospize eigenständige Einrichtungen mit mindestens acht bis sechzehn Betreuungsplätzen. Der Schwerpunkt liegt auf der Begleitung und soweit möglich der Erfüllung letzter Wünsche, so wie es die Begründerin der Hospizarbeit Dame Cicely Saunders formulierte: »Wir können dem Leben nicht mehr Tage geben, aber den Tagen mehr Leben.«

6.

Welche Möglichkeiten gibt es, Schmerzen zu lindern?

Nur ein Leben ohne Schmerz ist ein gutes Leben.
Nur ein Tod ohne Schmerz ist ein guter Tod.

Epikur, um 340–270 v. Chr.

Am liebsten Vollnarkose

»Niemand geht ja gern zum Zahnarzt – ich besonders wenig. Aber es muss ja sein. Bei der Kontrolle stellt mein Arzt dann fest, dass mir ein Stück vom Zahn abgebrochen ist und erneuert werden muss. Ob ich für die Behandlung eine Betäubung brauche, fragt mich der Doktor. Wie bitte?! Selbstverständlich! Vielleicht bin ich eine Mimose, aber allein die Geräusche von Bohrer & Co. machen mich fertig. Und wer bitte antwortet darauf: ›Nee, ich brauche keine Spritze, ich stehe auf Schmerzen?‹ Ich will gar nicht wissen, ob ich die Tortur irgendwie aushalten könnte. Am liebsten hätte ich beim nächsten Mal eine Vollnarkose.«

Dieser Wunsch, wie er am 30. Januar 2015 in einer Kolumne der *Hamburger Morgenpost* zu lesen war, drückt aus, was viele Menschen bewegt: Die Angst vor Schmerzen berührt einen »wunden Punkt« und nährt die Hoffnung, die Medizin könne Schmerzen lindern oder gar nicht erst auftreten lassen.

Dabei ließe sich auf die Frage des Zahnarztes durchaus antworten: »Nein danke, lieber keine Spritze. Das taube Gefühl, die hängende Lippe und das Gefühl, mir läuft die Cola aus dem Mund, finde ich zu eklig … und so lange tut es ja auch nicht weh. Eine Vollnarkose kommt sowieso nicht in Frage, weil ich mitbekommen möchte, was mit mir geschieht.«

Es kommt also auf die eigene Bewertung der Situation, die persönliche Haltung zum Schmerz an. So können Frauen ihre Schmerzen bei der Geburt ganz unterschiedlich wahrnehmen, entweder als Höllenqual oder als natürlichen Teil des Gebärens.

Auch die Intensität des empfundenen Schmerzes hängt sehr von der Situation ab. Ein plötzlich auftretender Schmerz beeinträchtigt bei ohnehin schon schlechter Laune erheblich mehr, als wenn man sich bei irgendetwas verletzt, das einem Spaß macht und man das Weitermachen kaum erwarten kann, beim Sport zum Beispiel.

Der Sinn des Schmerzes

Aus gutem Grund verfügt unser ganzer Körper, mit wenigen Ausnahmen, über Schmerzrezeptoren: Sie warnen uns vor Fehlfunktionen unseres Körpers und geben uns so die Möglichkeit, weiteren Schaden zu vermeiden, durch sofortige Reaktion oder kurzfristige, aber auch langfristige Verhaltensänderungen.

Schmerzen in den Gelenken führen fast automatisch dazu, dass wir das betroffene Gelenk schonen. So beginnen wir zum Beispiel zu humpeln, wenn wir versuchen, das Kniegelenk mit weniger Gewicht zu belasten, oder wenn wir Bewegungen, die mit einer großen Beugung des Gelenkes verbunden sind, vermeiden. Sinnvollerweise suchen wir dann auch ärztlichen Rat, wenn wir selbst keine Ursache finden können oder der Schmerz bei bestimmten Bewegungen erneut auftritt.

Die Schmerzreaktion beim Berühren einer Kerzenflamme verhindert durch rasches Wegziehen der Hand Verbrennungsschäden. Das gilt auch für das Berühren von Herdplatten, denen man nicht immer ansehen kann, dass sie heiß sind. Besonders Kinder machen hier oft leidvolle Erfahrungen, die letzten Endes dauerhaft vorsichtig sein lassen. Es ist der erlittene Schmerz, der sich einprägt, und weniger die Ermahnungen der Eltern.

Schmerz wird ausgelöst durch Schädigung von Geweben. Wenn die dabei freigesetzten Schmerzstoffe einen Schwellenwert übersteigen, erregen sie freie Nervenenden, die dann Impulse zum Gehirn weiterleiten und Schmerzen auslösen. Auch die Reizung der Nerven selbst oder ihrer Bahnen im Rückenmark löst Schmerzen aus.

Entsprechend dem Ort, an dem Schmerz entsteht, spricht man von Oberflächenschmerz, wenn die Haut betroffen ist, von Tiefenschmerz, wenn tiefere Strukturen wie zum Beispiel Muskeln, Knochen und umliegende Gewebe beteiligt sind. Unterscheiden lassen sie sich durch ihre Qualität. So spürt man eine Schnittverletzung zunächst als hellen Schmerz direkt am Ort des Geschehens. Meist reagiert man sofort und zieht die Hand weg, im weiteren Verlauf wird der Schmerz dann dumpf oder brennend und ebbt langsam ab. Der Tiefenschmerz ist dagegen dumpf und kaum richtig zu lokalisieren, je nach Intensität verbunden mit Reaktionen wie Übelkeit, Blutdruckabfall und Schweißausbrüchen.

Ähnliche Reaktionen löst der Eingeweideschmerz aus. Seine Ursachen sind Entzündungen, Überdehnung von inneren Organen, etwa dem Darm oder der Gallenblase, oder Durchblutungsstörungen, zum Beispiel beim Herzinfarkt. Eingeweideschmerzen sind schwer zuzuordnen, zeigen aber zum Teil typische Weiterleitungen, die eine Zuordnung ermöglichen. So strahlen die Schmerzen bei einer Gallenkolik in den Rücken und in die rechte Schulter aus. Bei Männern kann sich ein Herzinfarkt durch Schmerzausstrahlung in den Rücken, den Unterkiefer oder die Schultern bemerkbar machen.

Auch die Dauer des Schmerzes und sein Verlauf geben wichtige Hinweise auf Art und Lokalisation der Störung. Akute Schmerzen klingen rasch ab, wenn die Ursache behoben ist. Chronische Schmerzen zeigen sich als Dauerschmerz, so bei Rückenschmerzen oder Krebserkrankungen, oder als immer wieder auftretende Schmerzen, zum Beispiel bei Migräne oder Durchblutungsstörungen in den Beinen.

Ist die Weiterleitung der Schmerzsignale in das Gehirn erfolgt, findet hier die Schmerzwahrnehmung statt. Dies kann man sich so vorstellen, dass die Schmerzreize »nachbearbeitet« und dann gespürt werden. Hierbei kann das Gehirn modifizierend eingreifen und Schmerzen »erträglich« machen. So wird zum Beispiel der Geburtsschmerz gemindert durch das Glücksgefühl, ein Neugeborenes in den Armen zu halten. Auch Tätowierungen und Piercings werden mithilfe des Gedankens ertragen, sich verschönern zu lassen – wohingegen Kopfschmerzen meist reflexartig mit Medikamenten behandelt werden.

Wie der Einzelne auf Schmerzreize reagiert, ist individuell und kann letzten Endes keinem Gegenüber vermittelt werden. Diese Unfähigkeit beklagte Virginia Woolf mit den Worten »Für das einfachste Schulmädchen, wenn sie sich verliebt, sprechen Shakespeare oder Keats; aber wenn ein Leidender einem Arzt seine Kopfschmerzen schildern soll, versiegt die Sprache sogleich.« Und der deutsche Dichter Ferdinand Schmuck schrieb: »Du kannst Mitgefühl zeigen, tröstende Worte spenden. Aber verstehen kannst du die Schmerzen des anderen nur, wenn du sie selbst jemals gefühlt hast.«

Schmerz erleben

Ist schon die Schmerzwahrnehmung individuell und situationsgebunden, so gilt das umso mehr für das Schmerzerleben. Dieses ist abhängig von den Erfahrungen, die Menschen mit Schmerzen gemacht haben. Jeder hat eine individuelle Einstellung zu Schmerzen und bewertet Schmerzreize unterschiedlich.

Menschen haben unterschiedliche Fähigkeiten, mit Schmerzen umzugehen. So nimmt die Schmerzempfindung im Alter besonders an Armen und Beinen und den inneren Organen ab. Dies führt dazu, dass viele Ältere ihre Schmerzen als nicht so schlimm bewerten und diese eher unterschätzen. Häufig ist auch die Einstellung, Schmerzen gehörten halt zum Älterwerden dazu. Also werden die Schmerzen bagatellisiert, was in dem Bonmot von Jürgen von Manger gipfelt: »Wenn man über 50 ist, morgens aufwacht und es tut nichts weh, dann ist man tot.«

Auch individuelle und kulturelle Unterschiede spielen in das Schmerzerleben hinein, das von lautem Wehklagen bis hin zu krampfhafter Bagatellisierung reichen kann. Familiäre Besonderheiten spielen ebenso eine Rolle, sie prägen den Umgang mit Schmerzen schon in der Kindheit. Da gibt es das liebevolle Eingehen auf kleine Unfälle, das Pusten, um den Schmerz verschwinden zu lassen, aber auch harsche Reaktionen wie »Stell dich nicht so an« oder »Ein Junge weint nicht«. Hierbei handelt es sich um kulturelle Festlegungen, die unterstellen, Schmerz sei abhängig vom Geschlecht und jederzeit unterdrückbar.

Andererseits gibt es auch Übertreibungen: Müssen kleine Kinder nach Unfällen versorgt werden, lässt sich immer wieder feststellen, welchen Einfluss die Bezugspersonen haben. So verschlimmert die Erklärung »Das tut gar nicht weh«, vorgebracht mit einem Gesichtsausdruck, der das Gegenteil vermuten lässt, eher die kindliche Furcht vor ärztlichen Eingriffen. Gelingt es, die Kinder allein zu behandeln, stellt sich häufig heraus, dass eine ruhige Versorgung möglich ist, wenn man einfühlsam erklärt: »Ich gebe dir jetzt eine Spritze gegen die Schmerzen. Das tut kurz weh, aber du kannst das aushalten, und ich verspreche dir: Ich sage dir jedes Mal Bescheid, wenn ich wieder etwas mache, das wehtut.«

Wie weit im Einzelnen das Aushalten von Schmerzen gehen kann, beschreibt der Palliativmediziner Borasio in einem Beispiel aus seiner Praxis: »Leider verursacht die Krankheit aufgrund der Lage der Bauchspeicheldrüse im Oberbauch ziemlich heftige und oft schwer zu behandelnde Schmerzen. Herr F. willigte in eine kleine Operation ein, die durch eine Nervenblockade die Schmerzen verringern sollte. Er tat dies umso bereitwilliger, als er ansonsten alle Schmerzmedikamente rigoros ablehnte, die auch nur theoretisch zu einer Verringerung seines Bewusstseins hätten führen können. Das bedeutete, dass eine Therapie mit Morphin oder ähnlichen Medikamenten (Opioiden) bei Herrn K. nicht möglich war, was die schmerztherapeutischen Optionen deutlich einschränkte. Es war uns nicht möglich, ihn zu überzeugen, diese Medikamente doch wenigstens auszuprobieren (…). Die Begründung von Herrn F. für seine Einstellung war ungewöhnlich, aber nachvollziehbar. Er war seit vielen Jahren praktizierender Buddhist, und für Buddhisten ist die Klarheit des Geisteszustands im Augenblick des Todes ein ganz entscheidender Faktor. Daher fiel es ihm nicht schwer, selbst starke Schmerzen mit bewunderungswürdiger Gelassenheit zu ertragen. Er war dem Team überaus dankbar für die Betreuung und bat wiederholt um Verständnis für seine, wie er sagte, ›schmerztherapeutische Sturheit‹. Der Gedanke an den Tod schien für ihn nichts Bedrohliches zu haben. Er verbrachte die meiste Zeit beim Meditieren und starb trotz stärkster Schmerzen sehr friedlich. Sein Bewusstsein blieb klar bis zuletzt.«

Andere religiöse Riten führen Schmerzen sogar absichtlich herbei. Im 13. bis 14. Jahrhundert gab es in Europa die »Flagellanten«, die sich für ihre Sünden selbst geißelten. In der heutigen Zeit ist dies immer noch zu erleben, etwa am Thaipusam, dem »Fest der Schmerzen«, welches die Hinduisten am 7. Februar zu Ehren des Gottes Shiva begehen. Dabei werden unter anderem Metallnägel durch die Wangen oder in den Körper gestoßen, oder die Teilnehmer geißeln sich bis aufs Blut. Auf den Philippinen wird von Christen Ähnliches gefeiert während der Penitancia, einem Fest des Mitleidens mit den Schmerzen Jesu Christi am Kreuz. Auch der Islam in seiner schiitischen Ausprägung kennt die Geißelung als Bestandteil des Aschurafestes.

Der Gedanke von Sühne und Erlösung durch Schmerzen, der sich in vielen Religionen findet, verweist darauf, dass sich die Menschen schon immer Gedanken über den Sinn des Schmerzes im Leben gemacht haben. Ein Gedanke, der seit der Entwicklung von potenten Schmerzmitteln aber immer weniger Menschen bewegt. Wer würde heute noch so ohne weiteres Arthur Schnitzler folgen, der sagte: »Ein Dasein ohne Schmerzen wäre wohl so armselig wie ein Dasein ohne Glück.«

Der Philosoph Wilhelm Schmid plädiert für eine gelassene Lebensführung, die nicht nur aus einer Aneinanderreihung von Vergnügungen besteht. In seinem Buch über das Altern setzt er sich auch mit dem Schmerz auseinander: »Ja, Schmerzen beeinträchtigen das Leben enorm, sie verletzen das moderne Ich an seiner verwundbarsten Stelle, seinem Anspruch auf Autonomie. Selbstbestimmte Gelassenheit kann jedoch heißen, Schmerzen zu akzeptieren, soweit das möglich ist. Bis zu welchem Punkt, lege ich selbst fest, im Zweifelsfall nach Rücksprache mit dem Arzt. Und zu welchem Zweck? Um das Leben in seiner ganzen abgründigen Tiefe zu erfahren, soweit ich es ertragen kann. Um nicht immer nur zu hadern, wenn Schmerzen, Krankheit oder ein anderes Unglück mich ungefragt überkommen, stattdessen mich auch in diesem Fall mit allem zu befreunden, was in mir und an mir ist, es mir vielleicht sogar zu eigen zu machen.«

Eine Gesellschaft, in der das Machbare Priorität hat, in der Schwäche ausgeblendet wird und das Funktionieren über allem steht und die Selbstoptimierung mit chemischen Substanzen Selbstverständlichkeit zu werden droht, lässt allerding wenig Raum für Reflexion, sondern bietet eine Ablenkung nach der nächsten. Auch deshalb ist das Streben, jeglichen Schmerz zu vermeiden, so ausgeprägt.

Vom Alkohol zum Chloroform

Schon seit Urzeiten versucht der Mensch, Schmerz zu behandeln bzw. zu lindern. Seit ca. 3000 v. Chr. standen alkoholische Getränke und Pflanzenteile bzw. -extrakte zur

Verfügung. Bekannt war auch die schmerzstillende Wirkung des Saftes der Schlafmohnkapseln (Opium) sowie von Hanf. Einiges davon findet sich auch in der modernen Schmerztherapie: Morphin, welches aus Opium gewonnen wird, und Cannabis, ein Wirkstoff der Hanfpflanze, deren Zulassung in der Schmerztherapie seit einiger Zeit diskutiert wird. Etwa 400 Jahre v. Chr. wurde Weidenrinde gegen Fieber und Schmerzen eingesetzt. Als Aspirin ist ihr Wirkstoff Salicylsäure noch heute »in aller Munde«.

Aber auch physikalische Methoden kamen früh zum Einsatz. So nutzte Hippokrates Kälte vor chirurgischen Eingriffen, und im Mittelalter wurden Abbindungen vor Amputationen erprobt, Methoden, die bis heute in angepasster Form Anwendung finden. Ansonsten mussten die Menschen bei chirurgischen Eingriffen auf die Schnelligkeit des Chirurgen vertrauen, um nicht allzu lange zu leiden, oder im wahrsten Sinne des Wortes die Zähne zusammenbeißen. Aus Western kennen wir folgende Szene: Der Held trinkt erst eine halbe Flasche Whiskey, dann wird ihm ein Stück Holz zwischen die Zähne geschoben, bevor ihm die Kugel aus dem Körper »operiert« wird.

1844 setzte der Zahnarzt Horace Wells erstmals Lachgas vor Zahnextraktionen ein – ein halbes Jahrhundert nach der Entdeckung, dass das Einatmen dieses Gases schmerzstillend wirkt. Zuvor benutzte man es als Jahrmarktsvergnügung und als Rauschdroge der englischen High Society. Parallel zu Wells entwickelte Thomas W. G. Morton, ebenfalls ein Zahnarzt, ein Gerät zur Verdampfung von Äther als erstes Narkosegerät und begründete so das Fach Anästhesie. Ab 1862 wurde Chloroform bei Narkosen angewendet.

Immer neue Substanzen zur Schmerzbehandlung (Analgesie) wurden synthetisiert. Injektionstechniken wurden verfeinert und lassen heute zu, dass Substanzen an den Ort der Schmerzauslösung oder die leitenden Nerven abgegeben werden. Über Pumpen kann die zeitliche und mengenmäßige Abgabe von Schmerzmedikamenten gesteuert werden. Physikalische Anwendungen von Strom, Wärme und Kälte werden eingesetzt. Die Verarbeitung des Schmerzes wird durch psychotherapeutische Interventionen unterstützt.

Schmerz muss also nicht mehr sein. Dazu trägt auch bei, dass seine Bedingungen immer genauer erforscht wurden und sich Ärzte auf seine Behandlung spezialisierten. Besonders die Erkenntnis, dass es auch chronische Schmerzen gibt und diese einer besonderen Behandlung bedürfen, führte zu weiteren Anstrengungen. 1971 wurde die erste Schmerzklinik an der Universität Mainz gegründet, 1975 die Deutsche Gesellschaft zum Studium des Schmerzes (DGSS). Fachärzte, meist Anästhesisten, können sich heute schmerztherapeutisch vielfältig weiterbilden.

Umfassender Schmerz

Die Angst der Sterbenden vor Schmerzen motivierte Dame Cicely Saunders 1967 zur Gründung des St. Christopher's Hospiz als erster Einrichtung, die sich ganz der Betreuung von Sterbenden widmete. Schon in ihrer Person nahm die Krankenschwester, Sozialarbeiterin und Ärztin einen Ansatz der Palliativmedizin vorweg: das Zusammenwirken verschiedener Berufe.

Die Linderung von Schmerzen stand zunächst ganz praktisch im Vordergrund ihrer Tätigkeit. Forschend gab sie der Schmerztherapie wichtige Impulse. Gleichzeitig betrachtete sie Schmerz aber auch mehrdimensional, was damals nicht selbstverständlich war. Noch 1998 beklagte David B. Moris in seinem Buch *The Culture of Pain* die Separierung des Schmerzes, den etwa ein gestauchter Knöchel auslöst, vom Schmerz eines »gebrochenen Herzens« – und die Konzentration der Medizin auf ersteren. Bis heute setzt die Selbstmedikation, 2013 immerhin zwei Drittel aller eingenommenen Schmerztabletten, ausschließlich auf eine Beeinflussung des physikalischen Schmerzes.

Cicely Saunders entwickelte das Konzept des »umfassenden Schmerzes«: »Es wurde schnell klar, dass jeder Tod so individuell war wie das Leben, das ihm vorausgegangen war, und dass die gesamten Erfahrungen dieses Lebens in des Patienten Sterben gespiegelt wurden. Dies führte zu einem Konzept des ›total pain‹, welches sich als ein Komplex aus physikalischen, emotionalen, sozialen und spirituellen Elementen präsentierte. Das ganze Erleben des Patienten beinhaltet Unruhe, Bedrücktheit und Furcht, Sorge um die Hinterbliebenen und oft das Bedürfnis, einen Sinn in der Situation zu sehen, eine tiefere Realität, auf die vertraut werden kann.«

In dieser Herangehensweise an Schmerzen wird der Dualismus zwischen körperlicher und seelischer Dimension aufgehoben. Umfassender Schmerz hat eine physische Komponente, die alle äußeren Symptome umfasst. Nicht nur allgemeine schmerzhafte Symptome, sondern auch Atemnot, Husten, Übelkeit, Verstopfung, Hautjucken, Schwäche oder Müdigkeit. Er hat zweitens eine psychische Komponente mit Ängsten, Aggressionen, Depression, Verzweiflung. Drittens eine soziale Dimension mit Gefühlen der Isolation, dem Abbruch von Beziehungen, der Trennung oder auch finanziellen Nöten. Schließlich gibt es noch die spirituelle Dimension, in der es um Fragen des Sinns geht: Warum dieser Schmerz? Warum ausgerechnet ich?

Damit bereitete Cicely Saunders den Weg zur heutigen Palliativmedizin, deren Aufgaben die Deutsche Gesellschaft für Palliativmedizin so beschreibt: »Die Palliativmedizin konzentriert sich auf die bestmögliche medizinische, pflegerische, psychosoziale und spirituelle Behandlung und Begleitung schwerstkranker und sterbender Menschen sowie ihrer Angehörigen. Gemeinsames Ziel ist es, für weitgehende Linderung der Symptome und Verbesserung der Lebensqualität zu sorgen – in welchem Umfeld auch immer Betroffene dies wünschen.«

Unter dem Schutzmantel

Da der Begriff »Hospiz« im Französischen für spezielle Pflegeheime gebraucht wurde, entschied sich der kanadische Arzt Dr. Balfour Mount bei Gründung der ersten modernen Palliativstation 1975 am Royal Victoria Hospital in Montreal für eine neue Benennung. Das lateinische Wort »pallium« bedeutet Mantel und weckt damit Assoziationen wie »beschützt sein« oder »umfangen werden«. Wegen der Überschneidungen mit der Hospizbetreuung wird statt von »Palliativmedizin« zunehmend von »Palliativ Care« gesprochen, wofür es im Deutschen keine Entsprechung gibt.

Die enormen neuen Möglichkeiten der modernen, technisch ausgerichteten Medizin haben lange Zeit den Blick verstellt für die Bedürfnisse der Menschen in der Beziehung von Arzt und Patient. Es ist der Hospizbewegung, einer Bürgerbewegung, zu verdanken, dass seit etwa 20 Jahren eine andere Betrachtung möglich ist, die den ärztlichen Beistand und die ärztliche Hilfe bei der Betreuung Sterbender in den Vordergrund stellt.

Palliativmedizin ist einerseits etwas Neues, andererseits eine Rückbesinnung auf das Heilen im umfassenden Sinn. Die ärztliche Kunst »versagt« eben nicht. Wenn keine Heilung mehr möglich ist, ist dies eben kein »Versagen« der ärztlichen Kunst, sondern Teil derselben. Aussagen wie »Wir können nichts mehr für Sie tun« gibt es aus palliativer Perspektive nicht, denn hier geht es nicht um Heilung oder Gesundung, sondern um die Begleitung schwerstkranker und sterbender Menschen und ihrer Angehörigen. Es geht um Linderung quälender Krankheitssymptome und eine Verbesserung der Lebensqualität im Umfeld des Betroffenen. Die Begleitung auf dem letzten Weg orientiert sich an den Möglichkeiten, Befürchtungen und Wünschen des Einzelnen, seiner Angehörigen und Freunde.

Sie war nach der Krebserkrankung wieder ganz gut auf die Beine gekommen. Operation und anschließende Chemotherapie waren überwunden und verschafften einige Zeit der Ruhe. Bei der Behandlung ihrer Zuckerkrankheit machte ihr sowieso keiner etwas vor. Bei den Verrichtungen des Alltags gab es einige Probleme, die die Kinder gern durch einen Pflegedienst erledigt gesehen hätten. Aber die Helfer konnten es ihr einfach nicht recht machen. Wie die Dinge zu handhaben wären, das wusste sie immer besser.

Natürlich gab es auch »kleine« Krisen wie einen häuslichen Sturz, in dessen Folge eine Operation erforderlich war. Da fiel es ihr schon schwerer, wieder auf die Beine zu kommen. Die nun durch den Medizinischen Dienst der Kran-
Anh. 2.5 *kenversicherungen festgestellte Pflegebedürftigkeit ermöglichte den Einsatz eines Pflegedienstes. Aber auch hier gab es Abstimmungsprobleme und das Problem der ständig wechselnden Mitarbeiter, was sie sehr verunsicherte und aufregte. Außerdem musste sie häufig warten, bis die Mitarbeiter des Pflegedienstes kamen, und fühlte sich entsprechend »angeleint«. Lediglich einige Pflegekräfte des Palliativpflegedienstes, die kamen, um Schmerzen zu registrieren und eine eventuell notwendige Behandlung einzuleiten, fanden ein wenig Gnade.*

Erforderlich waren deswegen auch immer wieder Hilfestellungen durch die Familie, die diese sehr belasteten. Vorsichtig wurde über die notwendige Betreuung in einem Heim diskutiert.

Eine unklare Schwellung des rechten Beines erforderte einen erneuten Krankenhausaufenthalt, wahrscheinlich war diese Veränderung ein Ausdruck weiteren Krebswachstums. Es erfolgte eine Verlegung in eine Abteilung für Altersmedizin (Geriatrie), um sie zu stabilisieren. Trotz der Bemühungen dort blieb ein erheblicher Hilfebedarf. Da es insbesondere der Familie nicht mehr möglich schien, diesen im Hause zu befriedigen, stimmte sie einer Aufnahme in ein Pflegeheim zu. Allerdings, dies war ihr sehr wichtig, nur zur Kurzzeit-
Anh. 2.4 *pflege.*

Schnell stellte sich allerdings heraus, dass die eigenen Bedürfnisse und die Abläufe im Heim überhaupt nicht zueinanderfanden, sie litt, und auch der Familie wurde schnell klar, dass eine Alternative gesucht werden musste. Ein erneut notwendiger Krankenhausaufenthalt wegen eines fraglichen Darminfekts mit Durchfällen unterbrach kurz die Überlegungen. Eigentlich war allen klar, dass es zu Hause nur mit umfangreicher Unterstützung gehen konnte. Hierfür wären aber Vorbereitungen notwendig gewesen. Aus deutlicher Überschätzung ihres Zustands heraus, nur von dem Willen beseelt, wieder nach Hause zu kommen, ließ sie sich nach der medizinischen Stabilisation nach Hause entlassen. Die Mitarbeiter des Krankentransportes brachten sie in ihr Bett und verließen die Wohnung. Nichts war vorbereitet, niemand informiert.

Nach einer gewissen Zeit stellte sie fest, dass sie so geschwächt war, dass nicht einmal der Weg zur Toilette möglich war. Außerdem war ihr ständig übel und sie erbrach häufiger kleine Mengen an Magensaft. Glücklicherweise war ihr Telefon zugänglich, sodass sie in ihrer Verzweiflung einen Sohn und eine ehemalige Mitarbeiterin des betreuenden Palliativpflegedienstes anrief.

Nachdem die erforderlichen Hilfestellungen erfolgt waren, wurde gemeinsam beraten. Sie sah ein, dass eine erneute Krankenhauseinweisung unumgänglich war. Im Krankenhaus stellte sich nach gründlicher Untersuchung heraus, dass es in der Tat neues Krebswachstum gegeben hatte und das Erbrechen von einer verschließenden Ummauerung des Darmes herrührte. Die Einschätzung der Ärzte war, dass sie eine Operation unter Umständen nicht überleben würde. Gemeinsam wurde eine Verlegung auf die Palliativstation eines anderen Krankenhauses beschlossen, welche umgehend erfolgen konnte.

Neben einer Schmerztherapie erfolgte sofort eine Entlas-

tung des Magens mittels einer Nasensonde, die Ernährung wurde auf Flüssigkost umgestellt. Auf ihren Wunsch hin wurde ein Katheter zur Urinableitung gelegt, sodass sie ruhig ihrer Schwäche nachgeben konnte.

Aber auf der Palliativstation war alles so anders. Sicher, sie lag in einem Zweibettzimmer, aber im Gegensatz zum Heim hatte sie hier eine echte Gesprächspartnerin. Die Einrichtung unterschied sich von einer normalen Krankenhausstation nur in der Abwesenheit von Krankenhausutensilien auf den Gängen und dem Vorhandensein von Räumen, in denen sich Patienten und Zugehörige treffen konnten. Die sehr professionellen Ärzte und Pflegekräfte vermittelten ihr sofort ein Gefühl der Sicherheit. Spürbar war auch das Bemühen aller, ihre Bedürfnisse zu erfahren und soweit möglich zu befriedigen. Bei der Visite setzten sich alle hin, um nicht auf sie herabzublicken, und der sie betreuende Arzt nahm sich die Zeit, die sie brauchte, um ihre Situation zu reflektieren.

Sie lebte noch einmal auf und genoss die Sicherheit und das Kümmern, bis sie nach einigen Tagen, nun ohne Furcht und ohne Entscheidungen treffen zu müssen, ruhig verstarb.

Was leistet die Palliativmedizin?

Palliativstationen sind ärztlich geleitete Stationen in Krankenhäusern. In ihnen werden Patienten behandelt, deren Krankheitssymptome so stark ausgeprägt sind, dass der volle Einsatz eines Krankenhauses notwendig werden kann. Ziel ist die Verbesserung der Situation oder zumindest eine Stabilisierung, die dem Patienten die Rückkehr nach Hause gestattet oder, falls erforderlich, eine Verlegung in ein Pflegeheim. Sind diese Wege nicht mehr möglich oder nicht angemessen, versterben die Patienten auf der Palliativstation. In Deutschland in etwa einem Drittel aller Fälle.

Fast immer sind Schmerzen der Grund für eine Aufnahme auf eine Palliativstation. Zunächst steht vorrangig die Linderung aktueller Beschwerden im Vordergrund. Dann wendet sich das Team der Gesamtsituation zu. Vor Einleitung einer Therapie erfolgt eine eingehende Diagnostik, um Ursachen und Ausmaß der Beeinträchtigungen abzuklären und therapeutische Ansätze zu ermitteln, dies unter strenger Beachtung der Wünsche des Patienten und seiner Belastbarkeit. Das heißt, dass unter Umständen auf unzumutbare Untersuchungen verzichtet wird.

Für die Schmerzbehandlung stehen verschiedene Möglichkeiten zur Verfügung. Medikamentös wird nach einem von der WHO entwickelten Drei-Stufen-Schema behandelt, welches beginnend mit üblichen Schmerzmitteln wie etwa Paracetamol stufenweise schwache, dann starke Opioide empfiehlt. Diese Basismedikation sorgt im Idealfall für Schmerzfreiheit. Zusätzlich werden sogenannte Bedarfsmedikamente bereitgehalten, mit denen plötzlich auftretende Schmerzattacken gedämpft werden können. Als Begleitmedikamente bezeichnet man Substanzen, die keine Schmerzmittel sind, aber deren Wirkung verstärken können. Das WHO-Schema gibt den Ärzten dabei lediglich einen Orientierungsrahmen. Jeder Mensch reagiert anders und braucht deshalb auch eine individuelle Schmerztherapie, die durch stetes Fragen und Beobachten angepasst wird.

Schmerzmedikamente stehen heutzutage in den unterschiedlichsten Zubereitungsformen bereit. Den individuellen Bedürfnissen und Möglichkeiten der Patienten wird dadurch Rechnung getragen, dass die Schmerzmittel unterschiedlich anwendbar sind: als Tabletten und Zäpfchen, in Form von Pflastern oder Lollies, aber auch als Injektion, Infusion oder durch gelegte Katheter über eine Schmerzpumpe. Damit ist nicht nur eine Anpassung an den Schmerz, sondern auch an die Bedürfnisse des Menschen und seine noch vorhandenen Fähigkeiten möglich.

Schmerzen und andere Symptome, unter denen Menschen am Ende ihres Lebens leiden, werden meist körperlich ausgelöst. Ihre Dauer und Intensität werden aber durch die eigene Bewertung mit bestimmt. Auch zusätzliche Belastungen machen sich bemerkbar. So lösen Angst, ein pessimistisches Weltbild oder fehlende Hoffnung eine Verstärkung der Beschwerden aus. Auch familiäre Belastungen oder Sorgen um unklare finanzielle Verhältnisse verstärken häufig das Leiden. Das Wissen um diese Dinge wird in die palliative Hilfe einbezogen.

Bei einem »normalen« Krankenhausaufenthalt erlebt man häufig einmal am Tag eine Visite, bei welcher der Stationsarzt gegenüber Oberarzt oder Chefarzt seine Maßnahmen erläutern muss und von denen der Patient wenig versteht. Oft wird über den Menschen hinweg geredet, an dessen Bett die Ärzte stehen. Zuerst herrscht Zeitdruck, dann sind plötzlich alle verschwunden, bevor der Kranke überhaupt eine Frage stellen konnte. Auch das ist in der Palliativmedizin anders. Hier findet die Visite üblicherweise im Sitzen statt, um mit dem Patienten auf Augenhöhe zu sein. Falls dieser aufstehen kann, setzt man sich zu einem Gespräch zusammen.

Auch die Angehörigen werden eingebunden, denn auch sie haben Wünsche für die Betreuung, das weitere Vorgehen, haben Ängste, brauchen Begleitung bei ihrer Trauer, müssen Dinge regeln oder Anträge stellen, bei denen eine Unterstützung guttut. Je nach Problemstellung und Bedürfnissen erfolgt deshalb eine Unterstützung durch andere Berufsgruppen, meist Psychologen und Sozialarbeiter.

Unterstützung gibt es auch bei der Entlassung, sei es in ein Hospiz, ein Heim oder nach Hause. Es werden Netzwerke aktiviert, welche eine fachliche Versorgung auch dort sicherstellen, etwa durch den Einsatz von Teams für spezialisierte ambulante Palliativversorgung (SAPV). Dafür notwendige Anträge werden unterstützt, bei der Auseinandersetzung mit den Kostenträgern wird geholfen. Falls erforderlich, werden Hilfsmittel zur Erleichterung der Pflege vor einer Verlegung nach Hause organisiert.

All dies muss nicht während der »offiziellen« Visiten abgearbeitet werden. Alle Beteiligten sind vorbereitet auf kurzfristige Situationsänderungen, die sich daraus ergeben, dass der Patient oder die Zugehörigen spontan einen Wunsch äußern. Professionalität bedeutet in der Palliativmedizin auch, empathisch zugewandt und offen zu kommunizieren, wann immer es verlangt ist.

Vor dem Hintergrund der eigenen Auseinandersetzung mit Sterben, Tod und Trauer wissen alle Mitarbeiter und Ehrenamtlichen in der palliativen Versorgung um die unterschiedlichen Verläufe und Lösungsmöglichkeiten. Diese Haltung erlaubt auch Raum für Spiritualität. Der Psychologe Rudolf Sponsel definiert diesen schwer fassbaren Begriff als Beschäftigung »mit Sinn- und Wertfragen des Daseins, der Welt und der Menschen und besonders der eigenen Existenz und seiner Selbstverwirklichung im Leben«. Die Gewissheit, bald sterben zu müssen, löst bei den meisten Menschen ein Denken und Fühlen aus, welches sich mit der eigenen Vergänglichkeit befasst, häufig verbunden mit Angst und Abwehr angesichts der Endgültigkeit des Todes. Hier kehren bestimmte Muster immer wieder, aber letzten Endes ist es ein ganz individueller Prozess.

Einige Menschen sind religiös gebunden und suchen Antworten und Trost bei einem Seelsorger, der zum Palliativteam dazustoßen kann. Manche fühlen sich wohler, wenn sie ihre Fragen an eine »neutrale« Person richten können. Andere klären die letzten Fragen mit sich selbst oder haben vielleicht keine. Den meisten Menschen allerdings stellen sich am Lebensende Fragen, die vorher ungefragt blieben oder vom Alltäglichen, sei es freud- oder leidvoll, überdeckt wurden. Es sind Fragen nach dem Sinn, den das eigene Leben hatte. Was wird bleiben? Warum kommt der Tod gerade jetzt und gerade so? Wie wird das Sterben sein? Und was kommt danach?

Der rechtliche Rahmen

Anh. 2.1-2

Der Anspruch auf Palliativmedizin wird im sogenannten Sozialgesetzbuch geregelt: § 39 legt fest, dass nach einer Einweisung das Krankenhaus prüfen muss, ob die Behandlung wirklich nur dort möglich ist. Im Fall einer palliativmedizinischen Behandlung trifft dies zu, wenn zum Beispiel der Zustand oder auch die soziale Situation des Betroffenen so sind, dass er zu Hause nicht versorgt werden kann. Oder die Krankheit so weit fortgeschritten ist, dass die Lebenserwartung deutlich eingeschränkt ist. Oder auch, wenn Aussicht auf eine Stabilisierung oder Besserung des Zustands durch die Behandlung besteht.

Im Gegensatz zu den vielleicht leidvollen Erfahrungen eigener Krankenhausaufenthalte gelten die Angehörigen in der Palliativmedizin als wichtige »Mitarbeiter« und Helfer, wenn es um die Beziehung zur betroffenen Person geht. Eine stationäre Versorgung kann demnach auch begründet sein durch Überlastung der pflegenden Angehörigen, und zwar so lange, bis diese sich wieder einbringen können. Oder es wird versucht, die Situation durch Hilfsmitteleinsatz bzw. Unterstützung durch einen Pflegedienst zu stabilisieren. Zu den Aufgaben einer Palliativstation kann es auch gehören, die Angehörigen mit aufzunehmen, wenn durch deren Schulung eine Entlassung in die Häuslichkeit wieder möglich wird.

Anspruch auf eine Aufnahme auf eine Palliativstation besteht immer dann, wenn die Bedingungen des § 39 SGB V zur Krankenhausbehandlung erfüllt sind. Dort heißt es sinngemäß, Versicherte haben Anspruch auf vollstationäre Behandlung, wenn die Aufnahme nach Prüfung durch das Krankenhaus erforderlich ist, weil das Behandlungsziel nicht durch andere Formen der Versorgung erreicht werden kann. Voraussetzung ist die Einweisung durch einen Arzt. In dieser werden die wichtigen Angaben übermittelt, welche die Notwendigkeit der Behandlung darlegen. Folgende Kriterien liegen der Entscheidung zugrunde:

☛ Eine stationäre Behandlung ist notwendig, weil alle anderen Möglichkeiten bereits ausgeschöpft oder nicht durchführbar sind.

- Die Erkrankung ist fortschreitend, die Lebenserwartung deutlich eingeschränkt.
- Die Lebensqualität wird durch Krankheitszeichen eingeschränkt, diese sind im Hause nicht beherrschbar.
- Es liegen erhebliche psychosoziale Probleme vor.
- Es besteht begründete Aussicht auf Besserung des Zustandes durch eine palliativmedizinische Behandlung.

Eine der meistgeäußerten Befürchtungen ist, infolge einer schweren Krankheit oder in der Sterbephase an Schmerzen leiden zu müssen. Die Palliativmedizin sieht ihre Aufgabe aber viel umfassender, was die möglichen Bedürfnisse Sterbender und ihrer Zugehörigen angeht. Meist öffnet sich das Tätigkeitsspektrum auch im Laufe einer Betreuung, selbst wenn die Schmerzsymptomatik zunächst Ausgangspunkt war.

Palliativmedizin erfordert die Zusammenarbeit von Ärzten, Pflegekräften, Psychologen, Sozialarbeitern und auch Seelsorgern. Diese können unterstützt werden durch vielfältige Therapieangebote, zum Beispiel Physiotherapie, Ergotherapie, Musik- oder Kunsttherapie. Menschen, für die es keine Heilung mehr gibt, denen auch keine Hoffnung auf Lebensverlängerung gemacht werden kann, macht die Palliativmedizin ein alternatives Angebot zum begleiteten oder unbegleiteten Suizid.

Kap. 3, 4

7.

Welche Worte, welche Rituale passen zu mir?

Wo wird einst des Wandermüden
letzte Ruhstätte sein?
Unter Palmen in dem Süden?
Unter Linden an dem Rhein?

Werd' ich wo in einer Wüste
Eingescharrt von fremder Hand?
Oder ruh' ich an der Küste
Eines Meeres in dem Sand?

Immerhin! Mich wird umgeben
Gotteshimmel, dort wie hier,
Und als Totenlampen schweben
Nachts die Sterne über mir.

Heinrich Heine, 1797–1856

(eingemeißelt in Heines Grabdenkmal
auf dem Cimetière de Montmartre)

Stärker als der Tod

Alles, was ein gutes Leben ausmacht, kann nach dem Tod die Erinnerung an die Einzigartigkeit eines Menschen begleiten. Wenn Sie aktiv Einfluss darauf nehmen möchten, können Sie schon zu Lebzeiten Ihre prägenden Erlebnisse und Wertvorstellungen an andere weitergeben.

»Ich sorge gern für Ausgleich«, schreibt Christine Aguga, »deshalb ist es mir ein besonderes Anliegen, in Harmonie mit allen zu leben (…). Ich bin daran interessiert, meine Arbeit sorgfältig zu erledigen, und vergewissere mich stets, dass ich meine Ziele erreiche. Ebenfalls sehr wichtig ist mir, Freunde zu besuchen und ihnen zu helfen.« Christine Aguga ist 2003 in Uganda an Aids verstorben. Als kranke Frau hat sie für ihre noch minderjährige Tochter ein Memory Book geschrieben, damit diese später weiß, was für ein Mensch ihre Mutter war.

Solche Erinnerungsbücher in Form von kleinen Heften schreiben in Afrika aidskranke Eltern als eine Art Vermächtnis für ihre Kinder. Sie erzählen darin das Besondere an ihrem Leben in Form von kleinen Ereignissen: was sie als Kinder gern gegessen haben oder welche Spiele sie gespielt haben. Manche Eltern kleben kleine Fotos mit ein oder zeichnen Sandkörner, die die Unendlichkeit des Lebens auf der Erde zum Ausdruck bringen sollen. Der schwedische Krimiautor Henning Mankell ist Mitinitiator dieser Erinnerungsbücher. Er berichtet von Kreidezeichnungen und Strichmännchen oder Landschaften, die manche Textseiten wie »uralte Felsmalereien« erscheinen lassen.

Memory Books sind Brücken zum Leben, aber auch Abschiedsbücher. Als Brücken zum Leben halten sie innere Werte und Haltungen fest, die für die sterbenden Eltern wichtig waren, zum Beispiel religiöse Überzeugungen oder Verhaltensregeln. Es sind Werte wie Liebe und Fürsorge, die durch den Tod nicht an Gewicht verlieren, sondern gewinnen, weil sie »stärker als der Tod« sind. Die Darstellung des eigenen Lebens bezieht sich zwar auf die Vergangenheit, stiftet aber auch Verbindungen zu den folgenden Generationen, denn die Autorinnen und Autoren äußern auch Wünsche für das Leben ihrer Kinder und anderer Hinterbliebener.

Credo des eigenen Lebens

Man muss nicht unbedingt ein Familienbuch schreiben, auch ein Selbstporträt trägt dazu bei, einen Dialog zu führen über die kleinen Dinge, die einem wichtig waren, und über sich selbst:

Welche Ereignisse haben mein Leben geprägt? Welche Besonderheiten machen mich zu dem Menschen, der ich bin? Mit welchen Menschen bin ich gern zusammen? Was ist das Interessante an meiner Arbeit? Wie lebe ich im Kreise meiner Familie? Welche Werte gehörten zu meinen Lebensprinzipien? Welche kleinen »Macken« und Gewohnheiten versüßen oder versauern meine Tage?

Jeder kann selbst entscheiden, ob und wie er das, was nach ihm kommt, mitgestalten möchte. Sie müssen Ihr Leben nicht unbedingt selbst kommentieren, damit Ihre Angehörigen Sie in guter Erinnerung behalten.

Wenn Sie Ihre individuellen Lebensspuren bewusst beeinflussen wollen, ohne ein Selbstporträt zu schreiben, können Sie eine Bestattungsverfügung formulieren. Sie ist eine Art Wunschliste für den eigenen Tod: von der Todesanzeige über die Trauerfeier bis hin zum Begräbnis. Dazu bedarf es keiner besonderen Form. Die Verfügung wird lediglich mit der Hand geschrieben und sollte Ihren Willen eindeutig zum Ausdruck bringen. Wenn Sie unsicher sind, können Sie sie auch notariell beglaubigen lassen oder einem Testament beifügen: auf das Blatt die Überschrift »Bestattungsverfügung« oder »Meine Wünsche für die Bestattung« Anh. 1.7 schreiben; Name, Anschrift und Geburtsdatum angeben; mit einer Eingangsformel kurz skizzieren, welche Wünsche die Verfügung enthalten wird, zum Beispiel Traueranzeige, Trauerfeier und Begräbnis; auf jeden Fall die gewünschte Bestattungsart angeben; am Schluss den Erstellungsort und das Datum und eigenhändig unterschreiben; informieren, ob beispielsweise eine Bestattungsvollmacht (ein bereits geschlossener Vertrag mit einem Bestattungsunternehmen) oder eine Sterbegeldversicherung vorhanden sind.

Eine Bestattungsverfügung trägt dafür Sorge, dass der Abschied von der Welt das Credo des eigenen Lebens widerspiegelt. Denn wer sich auf das eigene Andenken konzentriert, stellt einen lebendigen Bezug zum täglichen Leben her und findet zu einer Verbundenheit mit den ihm nahestehenden Menschen, die über den Tod hinaus bestehen bleibt. Der französische Philosoph Michel de Montaigne meinte aus eigener Erfahrung, je intensiver sich ein Mensch mit dem eigenen Tod auseinandersetze, desto eher würde er die Unverwechselbarkeit des eigenen Lebens erkennen. Das Nachdenken über den Tod im Labyrinth des Lebens rege dazu an, neben den einfachen Dingen des begrenzten Daseins auch die Frage nach dem Sinn des Ganzen zu stellen.

»Bin umgezogen«

Als ich eine meiner Freundinnen einmal fragte, warum sie jeden Sonnabend mit großer Akribie die Todesanzeigen in der Tagespresse studierte, antwortete sie mir: »Da wird in wenigen Worten ein ganzes Leben präsentiert.« Meine Freundin liest besonders gern Nachrufe auf bekannte Persönlichkeiten und freut sich dann darüber, wie nach dem Tod die Lebensleistung als Ganzes gewürdigt wird – und wie ihr eigenes Leben damit zusammenhängt. Als beispielsweise Udo Jürgens im Dezember 2014 starb, erinnerte sie sich wieder daran, dass sie in einem seiner Konzerte ihren Mann kennengelernt hatte und seither gern griechischen Wein trinkt.

Wer sich regelmäßig Todesanzeigen anschaut, stellt aber auch fest, dass die meisten alles andere als individuell sind: »Unverhofft und plötzlich, nach einem erfüllten Leben verstorben«, »Nach langer schwerer Krankheit endlich erlöst« und andere Floskeln kehren regelmäßig wieder. Am Ende folgt meistens ein prosaischer Abschiedsgruß in standardisierten Formeln wie »In stiller Trauer« oder »In Liebe und Dankbarkeit«.

Wer sich diesem Anzeigen-Mainstream entziehen möchte, sollte sich überlegen, auf welche Lebensstationen oder Werte seine eigene Traueranzeige Bezug nehmen soll. Gibt es vielleicht einen Sinnspruch, ein Bibelwort oder einen philosophischen Gedanken, der etwas Charakteristisches über Ihren Lebenskompass aussagt? Dabei lässt sich durchaus ein ungewöhnliches Lebensmotto an den Anfang stellen wie »Mein Obstgarten blüht jetzt auch ohne mich«. Jeder Leser erkennt durch so einen Spruch, dass die Tätigkeit im Garten für den Verstorbenen von Bedeutung war. Man kann das Motto aber auch einfach gestalten: »Fußball war mein Leben« oder »Ohne meine Gitarre ging nichts«. Wer diese Sprüche noch bildlich untermauern möchte, kann entsprechende Symbole hinzufügen. Manchmal führt auch eine Frage in die persönliche Gedankenwelt hinein: »Wer weiß denn, ob das Leben nach dem Tod nicht weitergeht?«

Statt einen eigenen Sinnspruch für das eigene Leben zu formulieren, lässt sich auch auf Bewährtes oder Skurriles zurückgreifen: Ob Rilke oder Tolkien, Woody Allen oder Kurt Cobain – zum Thema Tod hat fast jeder etwas beigetragen.

Wer sich traut, etwas Humorvolles in seine persönliche Abschiedsbotschaft mit einzubeziehen, sollte nicht zögern. Allerdings muss der Humor zur Persönlichkeit passen, d. h. jemand, der gerne lustig war im Leben, darf sich auch lustig verabschieden: »Ich bin dann mal weg«, »Bin umgezogen« oder »Gern wäre ich mit euch noch mal angeln gegangen«. Solche Sätze lassen sich entsprechend witzig illustrieren.

Das Eingangsmotto kann auch etwas Berufliches in den Vordergrund rücken, in Form von Sprüchen oder Symbolen: Noten für einen Musiker, einen Zug für einen Lokführer oder Brötchen für einen Bäckermeister. Auf jeden Fall sollte das Motto für die eigene Traueranzeige mit Bedacht gewählt sein. Denn es ist Ihre letzte Botschaft an die Nachwelt. Wenn Sie wollen, können Sie eine fertig ausgearbeitete Traueranzeige der Bestattungsverfügung beilegen. Dies gilt auch für die Todesmitteilung in brieflicher Form oder als E-Mail. Da sie nur für Menschen gedacht ist, zu denen

Sie ein persönliches Verhältnis haben, können Sie sich überlegen, welche Zitate oder Symbole Ihre Individualität herausstellen.

Das Leben Revue passieren lassen

Jede Gesellschaft hat ihre Riten im Umgang mit Leben und Tod. Wenn jemand gestorben ist, finden in allen Kulturen Zeremonien des Abschieds statt: In Afrika gibt es Totentänze, in Europa Trauerfeiern, die nach einem bestimmten Muster mit Gesten und Symbolen ablaufen. Wer sich zum Beispiel ein christliches Begräbnis wünscht, macht den Pfarrer zum »Zeremonienmeister«, der Leben und Tod mit ausgewählten Bibelstellen, einer Leichenrede und Gesängen würdigt. Wer sich für ein nichtreligiöses Begräbnis entscheidet, ist ungebundener in der Auswahl von Musik und Text, muss aber auch einem Ritus folgen, d. h. die Trauerfeier umfasst ebenso einen musikalischen Rahmen und eine Leichenrede, die seit der Antike zum europäischen Begräbnisritual dazugehört. Im antiken Griechenland und in Rom wurden Leichenreden noch öffentlich gehalten, und es galt als große Kunst, einen Verstorbenen und sein Leben möglichst mit großer Wirkung rhetorisch Revue passieren zu lassen. So wird von Cäsars Leichenrede auf seine verstorbene erste Frau Cornelia berichtet, sie sei der Beginn seiner politischen Karriere gewesen.

Haben Sie sich schon einmal überlegt, wen Sie sich auf Ihrer Trauerfeier als Redner wünschen? Wer könnte Ihren Lebensweg und das, was Ihnen im Leben wichtig ist, am besten würdigen? Sollte es ein Pfarrer sein oder lieber ein

Freund, der Sie gut kennt und etwas Interessantes über Ihr Leben erzählen kann?

In einer Trauerrede sollten die wichtigsten Stationen eines Lebens beschrieben werden: Kinderjahre, Jugendzeit, eventuell Eheschließung und Familiengründung, Arbeitsleben und Ruhestand. Über jede Lebensphase können Sie in einem Selbstporträt etwas Schönes oder Nachdenkliches festhalten.

Neben der Leichenrede umfassen eine Trauerfeier und das sich anschließende Begräbnis noch andere Rituale. Sie können sich zum Beispiel auch Gedanken darüber machen, wer zu einer Trauerfeier mit anschließendem Leichenschmaus eingeladen oder auch nicht eingeladen wird. Gibt es Menschen, die Sie bei Ihrem Abschied auf keinen Fall dabeihaben möchten? Spätestens bei diesem Anlass können Sie einmal auf sämtliche Höflichkeiten verzichten.

Diese und andere Wünsche müssen ebenso in der Bestattungsverfügung vermerkt werden wie die Frage, welche Musik gespielt werden soll. Gibt es ein Lied oder Instrumentalstück, das Sie besonders inspiriert hat? Wünschen Sie sich möglichst viele Blumen oder bitten Sie lieber um Spenden an eine Organisation, die Ihnen am Herzen liegt?

Wer zu Lebzeiten schon Einfluss auf die Zeremonie des Abschieds nehmen möchte, kann das Credo seines Lebens mehr oder weniger ausführlich zu Papier bringen. Nach Ansicht des römischen Philosophen Seneca beginnt das selbstbestimmte Sterben schon mitten im Leben. Er warnt allerdings davor, sich für die Gedanken über den Tod trostlose Situationen auszusuchen. Die Kraft, die jeder brauche, um die Rätselhaftigkeit des eigenen Todes zu verstehen, sollte aus der Lebensfülle stammen.

Bestattungsvorsorgevertrag und Sterbegeldversicherung

Der Schweizer Friseurmeister Karl Dällenbach hatte sich bereits zu Lebzeiten überlegt, dass er vor allem mit Gemütlichkeit und Humor verabschiedet werden wollte, um dem Tod die Schwere zu nehmen. Darüber hinaus war ihm wichtig, alles im Voraus selbst zu begleichen, damit die Hinterbliebenen sorglos an ihn denken können:

»Alle, die mich auf dem letzten Gang begleiten, sollen nur während der Predigt und der Versenkung der Urne besinnlich sein. Danach ist Gemütlichkeit und Humor an der Reihe. Ich habe bei Frau Jenni in der *Grünegg* ein Säli reserviert und im Voraus ein Zvieri mit Hamme (Zwischenmahlzeit am Nachmittag mit saftigem Beinschinken) und natürlich einen rechten Tropfen Roten bezahlt. Da denkt alle an mich zurück, indem Ihr bei Frohsinn und Geselligkeit meine Geschichten auffrischt. Zum Abschluss des Mahls wünsche ich mir ausdrücklich: Singt für mich noch einmal ›Wie die Blümlein draußen zittern‹. Ich werde mein liebstes Lied hören.«

Karl Dällenbach war sich darüber im Klaren, dass der Tod wie so vieles im Leben nicht gratis ist. Er wollte seinen Angehörigen die Last des Zahlenmüssens nehmen und hatte deshalb vorgesorgt. Dafür gibt es verschiedene Möglichkeiten, beispielsweise den Bestattungsvorsorgevertrag. Er entlastet die Angehörigen von den Kosten des Begräbnisses. So können sie wie bei Karl Dällenbach trauern, ohne an die Kosten zu denken.

»Die Trauer kann den Blick aufs Geld trüben«, heißt es im Volksmund, und davon profitieren in der Bestattungsbranche manch schwarze Schafe. Denn bei aller »Pietät«: Bestattungsunternehmen führen Handels- und Dienstleistungsgeschäfte aus, bei denen sich Handelsspannen und Preise erheblich unterscheiden können. Daraus folgt, dass es Verhandlungsspielräume gibt, die ein Kunde nicht in Trauerstimmung ausloten sollte.

Einen Bestattungsvorsorgevertrag schließen Sie direkt mit einem Bestattungsunternehmen ab. Darin verpflichtet sich das Unternehmen, die Beerdigung im Sinne des Vertragspartners durchzuführen. Festgelegt werden können zum Beispiel die Bestattungsart, die Größe und das Material des Sargs sowie die Zeremonie. Vor dem Abschluss eines solchen Vertrags sollten Sie auf jeden Fall Preise und Leistungen verschiedener Bestattungsunternehmen vergleichen. Dabei hilft auch das Internet. Seriöse Unternehmen präsentieren auf ihren Internetseiten Kostenbeispiele, die der Kunde vergleichen kann. Anh. 1.7

Bei Vertragsabschluss verpflichten Sie sich gegenüber dem Bestattungsunternehmen, für die zu erbringenden Leistungen den erforderlichen Betrag zu zahlen. Wenn Sie das Geld dafür nicht bei Ihren Angehörigen oder Freunden hinterlegen möchten, können Sie es zu Lebzeiten auf ein Treuhandkonto einzahlen. Treuhänder können Banken, Versicherungen oder auch spezielle Treuhandunternehmen sein, die im Internet zu finden sind. Die Zahlung auf ein Treuhandkonto gibt dem Auftraggeber die Sicherheit, dass sein Bestattungsgeld beispielsweise im Falle einer Insolvenz des Bestattungsunternehmens nicht verlorengeht.

Der Treuhänder verpflichtet sich, das Geld für den Auftraggeber zu verwalten und gegebenenfalls zu verzinsen. Die Geldsumme, die bei manchen Unternehmen auch in

Raten gezahlt werden kann, dient ausschließlich dem Zweck, die Beerdigung des Auftraggebers zu regeln. Eine andere Verwendung wird von vornherein ausgeschlossen. Das Bestattungsunternehmen oder die Angehörigen veranlassen dann den Treuhänder, nach dem Tod des Auftraggebers anhand der Sterbeurkunde den vereinbarten Betrag auszuzahlen.

Für Alleinstehende ohne weitere Angehörige ist es auf jeden Fall ratsam, einen Bestattungsvorsorgevertrag abzuschließen, um sicherzustellen, dass ihr Begräbnis nach ihren Wünschen durchgeführt wird. Da nicht jeder Mensch mehrere Tausend Euro auf dem Konto hat, besteht alternativ auch die Möglichkeit, eine Sterbegeldversicherung abzuschließen. Sie wird in der Regel bis zum 85. Lebensjahr eingezahlt und erspart den Angehörigen die Begräbniskosten. Je früher man damit beginnt, desto niedriger sind die Versicherungsprämien. Die Stiftung Warentest informiert darüber, bei welchen Sterbekassen eine günstige Versicherung abgeschlossen werden kann.

Die vorsorgende Kostenregelung ist auch deshalb notwendig, da in Deutschland eine Bestattungspflicht für die Angehörigen besteht. Zu ihren Pflichten gehört es auch, die Bestattung zu organisieren und die Kosten dafür zu übernehmen. Diese Totenfürsorgepflicht ist in umfangreichen Gesetzesvorschriften der einzelnen Bundesländer geregelt und gilt für nahe Verwandte bis zum 3. Grad. In der Regel sind die Kinder dafür verantwortlich.

Friedhof, Waldgrab oder Seebestattung?

Wie Heinrich Heine im eingangs zitierten Gedicht träumen manche Menschen schon zu Lebzeiten, was mit ihren sterblichen Überresten geschieht – dass zum Beispiel ihre Asche aus einem Heißluftballon in alle Winde verstreut wird oder mit Wasserfällen in die Unendlichkeit rauscht.

Nur die Hälfte aller Toten findet ihre ewige Ruhe in einem Sarg auf dem Friedhof, eingebettet in ein Einzelgrab von 2,2 × 0,9 Meter. Früher wurden sogar Form und Material der Grabsteine vorgegeben, sämtliche »Neuankömmlinge« hatten sich passgenau in die allgemeine Friedhofsordnung einzufügen. Heute ist eine Erdbestattung viel individueller: Der Leichnam wird »der Erde im Sarg anvertraut«, und zwar frühestens 48 Stunden nach dem Tod. Ausnahmen sind möglich. So kann eine frühere Bestattung aus religiösen Gründen durchgeführt werden, denn muslimische Tote müssen innerhalb von 24 Stunden nach dem Ableben begraben werden. Eine vorzeitige oder spätere Beerdigung muss auf jeden Fall per Antrag von den Behörden genehmigt werden, wobei Bestattungsinstitute helfen können.

Im Gegensatz zu unseren Nachbarn in der Schweiz oder den Niederlanden herrscht in Deutschland für die Erd- und Feuerbestattung »Friedhofszwang«. Eine Urne im Wohnzimmer oder im Garten ist nicht erlaubt. Nur Bremen macht eine Ausnahme. Dort ist es seit 2015 möglich, die Asche im eigenen Garten oder auf öffentlichen Plätzen zu verstreuen, die eigens dafür vorgesehen sind. Allerdings muss dieser Wunsch vorher in einer Bestattungsverfügung Anh. 1.7
festgehalten werden. Außerdem muss eine Person die To-

tenfürsorge übernehmen. Diese muss eidesstattlich erklären, dass die Asche nur auf den dafür vorgesehenen Plätzen verstreut wird und dass die Nachbarn nicht beeinträchtigt werden. In allen anderen Bundesländern muss die Urne auch nach der Feuerbestattung eines Verstorbenen, der im Sarg verbrannt wird, immer in einem Grab auf dem Friedhof beigesetzt werden. Wer sich für eine Feuerbestattung entscheidet, muss diesen Wunsch entweder in der Bestattungsverfügung oder durch eine schriftliche Willenserklärung zum Ausdruck bringen.

Ein besonderes Urnengrab ist das Kolumbarium, das aus der römischen Antike stammt. Dabei handelt es sich um einen Urnenschrank in einem speziellen Friedhofshaus, wo man für seine Urne einen kleinen Platz erwerben kann. In dem Begriff Kolumbarium steckt das Wort Taubenschlag, denn in der Antike war dies eine kostengünstige Variante, Verstorbene angemessen auf kleinstem Raum unterzubringen. Eines der bekanntesten Kolumbarien befindet sich auf dem Leipziger Südfriedhof. In seinen Wandnischen gibt es mehr als 2800 Urnen mit zahlreichen Schmuckelementen und Zeichnungen an den Wänden. Das Leipziger Kolumbarium steht unter Denkmalschutz und wurde zum 125-jährigen Bestehen des Leipziger Südfriedhofs im Mai 2011 saniert.

Wer sich beerdigen lassen möchte, kann grundsätzlich zwischen einem Wahl- und einem Einzelgrab entscheiden. Beim Kauf eines Einzelgrabes erwirbt man in der Regel für einen Zeitraum von 25 Jahren die Nutzungsrechte, die nach Ablauf des Zeitraums verlängert werden können. Wer sich für ein Wahlgrab entscheidet, kann Lage und Größe selbst bestimmen. Diese Grabfelder haben den Vorteil, dass sie mehr Freiheit bei der Grabgestaltung und -bepflanzung bieten. Man kann sie ohne zeitliche Beschränkung erwerben, daher geben sie den Trauernden viel Raum.

Jeder sollte sich darüber im Klaren sein, dass er für die Trauerarbeit seiner Hinterbliebenen eine Mitverantwortung trägt. Wer zum Beispiel seinen Kindern ermöglichen will, dass sie regelmäßig das Elterngrab besuchen, darf kein weit entferntes Familiengrab wählen. Über solche Entscheidungen sollte zu Lebzeiten in der Familie gesprochen werden.

Kap. 10

Vielleicht ergibt eine solche Absprache aber auch, dass Ihre Angehörigen später auf keinem Friedhof trauern und kein Grab pflegen möchten. In diesem Fall wäre eine anonyme Beisetzung die Alternative. Die Urne wird nach der Einäscherung auf einem Gemeinschaftsfeld begraben, ohne dass Einzelgrabstätten und Grabbeete auf Ihre Identität hinweisen. Oftmals kennen selbst die Angehörigen den Zeitpunkt und den Ort der Beisetzung nicht, sondern lediglich die Friedhofsverwaltung bewahrt die Daten der Verstorbenen zur Kontrolle auf. Bei einer teilanonymen Bestattung hingegen ist der Bestattungsort bekannt und auch die Namen sowie die Geburts- und Sterbedaten werden auf den Grabfeldern festgehalten. Manche Menschen entscheiden sich auch aus finanziellen Gründen für diese Form der Bestattung, denn sie ist wesentlich günstiger als ein Einzel- oder Wahlgrab. Früher wurden solche Gräber auch Armengräber genannt, weil die Menschen aus dem Volk eine »normale« christliche Bestattung nicht bezahlen konnten. So ließ beispielsweise Jean-Jacques Rousseau seine Kinder in einem Armengrab beerdigen, da er zeitlebens an Geldmangel litt.

Wenn Sie kein Grab möchten, können Sie auch einen Baum in einem Ruhe- oder Urnenwald auswählen, meistens für die Dauer von 99 Jahren. Solche Ruhewälder gibt es auf allen größeren Friedhöfen oder auch als selbstständige Orte der Stille. Die Idee dazu hatte der sächsische Forstwissenschaftler Johann Heinrich Cotta, der 1844 in einem Eichenwald begraben wurde, den ein Jahr zuvor seine Studenten zu Cottas 80. Geburtstag gepflanzt hatten. Seinen Lieblingsbaum suchte sich Cotta selbst aus. Das können Sie heute zu Lebzeiten auch tun. Nach dem Tod wird die Urne dann im Wurzelbereich des ausgewählten Baums in die Erde gelassen. Die materielle Hülle des Toten soll auf diese Weise dem Naturkreislauf zurückgegeben werden. Im Gegensatz zur anonymen Bestattung kennen die Angehörigen den Urnenbaum und können dort jederzeit trauern; ein Grab im herkömmlichen Sinne existiert jedoch nicht. Die Grabpflege übernimmt die Natur.

Das Ritual der Seebestattung war schon in der Antike bekannt. So betrachtete der erste bekannte Philosoph der Weltgeschichte, Thales von Milet, im 6. Jahrhundert v. Chr. das Wasser als Urstoff allen Lebens. Nach seiner Ansicht ermöglicht jede Berührung mit dem Wasser eine Erinnerung an die Verstorbenen und eine Rückbesinnung auf das Leben, sodass ein bestimmter Ort des Trauerns nicht unbedingt notwendig ist.

Das prominenteste Seegrab erhielt 1779 der britische Seefahrer James Cook. Nachdem er auf den hawaiianischen Kealakekua-Inseln von Bord gegangen war, kam es zu Streitigkeiten mit den Einheimischen. Cook wurde von hinten erstochen und anschließend zerstückelt. Seine Leichenteile konnten von der Crew nur mit Mühe wiederbeschafft werden, weil sie für einige Ureinwohner Souvenire des »Häuptlingsgottes« waren. In einer feierlichen Zeremonie wurden Cooks sterbliche Überreste in der Bucht von Kealakekua dem Meer übergeben.

Auch die Opfer von Seeschlachten und die Toten der Titanic erhielten eine solche Seebestattung. Seit 1934 ist sie in Deutschland für alle Bürgerinnen und Bürger möglich, muss jedoch bei den Behörden beantragt werden. Der Wunsch nach einer Seebestattung sollte auf jeden Fall in der Bestattungsverfügung vermerkt werden. Anh. 1.7 Ansonsten müssen die Angehörigen nach dem Tod eine Erklärung abgeben, dass der oder die Verstorbene eine enge Beziehung zum Meer hatte und entsprechend der Wunsch bestand, auf See bestattet zu werden.

Bei einer Seebestattung findet zunächst eine Feuerbestattung mit einer kurzen Trauerzeremonie statt. Danach wird die Urne, die aus einem speziellen Material angefertigt ist, das sich später im Meer auflöst, an ein Seebestattungsunternehmen geschickt. Dort werden die weiteren Formalitäten geregelt. Die Urne wird außerhalb der Dreimeilenzone im Meer versenkt, um Unfälle mit Badenden oder Booten zu vermeiden. In den meisten Fällen hält der Kapitän die Trauerrede. Wenn die Angehörigen anwesend sind, wird nur die Urne ihres Familienmitglieds im Meer beigesetzt. Bei einer stillen Seebestattung ohne die Hinterbliebenen sind es mehrere Urnen gleichzeitig. Die Stelle der Beisetzung wird schriftlich festgehalten und behördlich archiviert. Eine Trauerzeremonie mit entsprechender Musik oder der Bootsmannspfeife findet auf Wunsch der Angehörigen statt. Die Hinterbliebenen erhalten auch eine Seekarte, auf welcher der genaue Ort der Urnenbeisetzung eingezeichnet wurde.

Ein Seegrab wählte auch die Operndiva Maria Callas. Geboren in New York City als Tochter griechischer Einwanderer, war sie auf allen großen Opernbühnen der Welt zu Hause. Ihre griechische Heimat und insbesondere Athen, wo sie ihre Gesangsausbildung absolviert hatte, trug sie stets im Herzen. Nach ihrem Tod am 16. September 1977 ließ sie deshalb Teile ihrer Asche vor der griechischen Insel Skorpios im Ionischen Meer verstreuen. Damit brachte sie ihre enge Verbundenheit mit Griechenland und zugleich ihre Heimatlosigkeit zum Ausdruck: Maria Callas war mit ihrer griechischen Seele überall und nirgends zu Hause. Da sich ihre zahlreichen Fans allerdings einen Ort des Trauerns wünschten, erhielt sie auch ein Urnengrab auf dem Pariser Friedhof Père Lachaise.

Besuch bei den Toten

Viele Menschen lieben es, auf Friedhöfen spazierenzugehen, um die Stille jenseits des Alltags zu genießen oder einfach den Atem der Ewigkeit zu spüren. Wiederum andere lassen auf Friedhöfen ihren Gedanken über Leben und Tod freien Lauf oder suchen zwischen den Grabsteinen nach Spuren von Transzendenz.

Im Mittelalter wurden die Toten noch auf Kirchhöfen begraben. Diese waren von Mauern umgeben, die den Bereich der Verstorbenen vom Raum der Lebenden trennen sollte. Dies gelang allerdings nur selten, denn um den Kirchhof herum tobte das »pralle Leben«. Die Bewohner der umliegenden Häuser ließen zum Beispiel ihr Vieh auf dem Kirchhof weiden, und nicht selten geschah es, dass die nur 30 Zentimeter tief vergrabenen Leichen von den Tieren angenagt wurden. Kein Geringerer als Martin Luther schlug deshalb vor, die Toten vor dem Lärm von Mensch und Tier zu schützen und den Hinterbliebenen einen stillen Ort des Gedenkens zu ermöglichen. So entstanden seit dem 16. Jahrhundert Friedhöfe am Rand der Stadt, um die Toten in Frieden ruhen zu lassen und den Angehörigen einen Ort des Erinnerns und Gedenkens zu geben.

Die russische Schriftstellerin Tatjana Kuschtewskaja hat viele Spaziergänge auf Friedhöfen unternommen. Am meisten beeindruckte sie ein kleiner Friedhof in Czernowitz in der Ukraine. »Die Leute besuchen ihn wie ein Museum, einen Park oder eine Kirche. Ein wogendes Meer von Sträuchern, dazwischen Trauerweiden und seltene Bäume voller hellroter Röschen oder lotosgroßer weißer Blüten. Unter den Füßen knirscht Kies, und überall summt und zirpt es – eine singende Stille, welche die Ruhe und Heiligkeit des Ortes nur noch mehr spüren lässt. Und die Gräber alle verschieden, jedes in seiner Art einmalig. Imposante Statuen und Fresken, alle Sorten von Marmor. In kleinen Nischen findet man in Kupfer eingefasste Buntglasfenster, darin brennende Kerzen. Engel, die ihre Flügel über das Grab breiten, Cherubim in der Pose der Andacht und Trauer. Die Falten steinerner Gewänder und steinerne Blumen. Christus, der die Hände ausgestreckt hält, um die Seele des Verstorbenen in Empfang zu nehmen. Ein Felsbrocken, aus dem ein steinerner Anker mit einem Stück Kette ragt. Alles atmete Erinnerung, Liebe und Leben. Jedes Grabmal hatte seine Geschichte, eine des Lebens, Liebens, Leidens und Sterbens dessen, der unter ihm begraben lag.«

Auf vielen Friedhöfen erzählen die Gräber mithilfe von Fotos, Symbolen oder anderen kleinen Dingen Lebensgeschichten in Kürze. Sie machen Spuren aus dem Leben der Verstorbenen sichtbar und sind für die Hinterbliebenen ein Ort der Andacht.

Was zuerst ins Auge fällt, sind die Grabsteine. Sie sollten ähnlich wie eine Traueranzeige die Einzigartigkeit des Toten herausstellen. Manche Menschen nutzen sie auch, um auf ihre Überzeugungen aufmerksam zu machen. So dienen auf einigen Grabsteinen Pflanzen und Tiere als Symbole. Am bekanntesten ist die weiße Lilie der Mutter Maria, die auf fast allen christlich geprägten Friedhöfen zu finden ist. Sie verkörpert als »Königin des Himmels« und Gottesmutter die vollkommene Liebe, die in der Vereinigung von Gott und Mensch besteht. Auch die rote Rose drückt diese immerwährende Liebe aus. In Südfrankreich hingegen findet man als Grabsymbol und Bepflanzung den dort ansässigen Lavendel. Er symbolisiert die Verbundenheit mit der Seele des Toten. Der Duft seiner feinen ätherischen Öle soll zudem auf die Seele des Toten einwirken und ihm einen Duft von Lebendigkeit auf der Reise ins Jenseits mitgeben.

Haben Sie schon einmal überlegt, welches Symbol oder welche Grabinschrift zu Ihnen passen könnte? Waren Sie beispielsweise ein Lebenskünstler, der sich immer wieder verändert und verwandelt hat? Dann könnte der Schmetterling zu Ihnen passen. Auch die Farbe spielt eine Rolle. Weiß erinnert an die Weite des Lebens und im christlichen Sinne an Reinheit. Grün symbolisiert als Farbe des Frühlings die Hoffnung, vielleicht auf ein Wiedersehen in einer anderen Welt.

Wer wie ich keine christliche Symbolik wünscht, kann auch auf die griechische Mythologie zurückgreifen, um etwas Symbolisches über das eigene Leben auszusagen. Für mich käme beispielsweise Bacchus (griechisch Dionysos), der Gott des Weins und der Vegetation, in Frage. Ich trinke gern guten Wein und liebe die Natur. Bacchus war der Gott der Bäume, die ich in meinem Garten so liebe. Häufig wird er als stehender Pfahl mit einer Maske dargestellt. Die ihm geweihte Farbe ist Grün, sie symbolisiert für mich Wachstum und Lebenskraft – Natur. Friedrich Nietzsche hat in seinem Buch *Die Geburt der Tragödie aus dem Geiste der Musik* Bacchus als den »Gott der ewigen Lust am Dasein« charakterisiert. Die Daseinslust ist auch Motto meines Lebens, das ich posthum weitergeben möchte.

Achtung, Totenruhe!

Als der Arzt und Plastinator Gunther von Hagens 1996 seine erste Ausstellung *Körperwelten* eröffnete, waren die Reaktionen geteilt. Die Einen meinten, die dauerhaft konservierten toten Körper seien wahre Kunstwerke, während andere ganz unverhohlen von Leichenschändung sprachen. Obwohl bisher Millionen Besucher die Wanderausstellung gesehen haben, dauern die Diskussionen an. Artikel 1 des Grundgesetzes besagt nämlich, dass die Würde des Menschen unantastbar ist, was auch für das Persönlichkeitsrecht nach dem Tod gilt. Entsprechend sieht Artikel 168 des Strafgesetzbuchs für die Störung der Totenruhe bis zu drei Jahre Gefängnis vor. Wer nach dem Tod eines Menschen Teile seines Körpers entfernt und damit Unfug treibt, stört die Würde der Verstorbenen. Gunther von Hagens hat seinen Kritikern stets entgegnet, dass er die Toten als ganze Persönlichkeiten konserviere und somit ihre Würde achte. Da sie allerdings auch in anrüchigen Posen zu sehen sind, unter anderem beim Geschlechtsakt, lässt sich durchaus von einer Störung der Totenruhe sprechen.

Die Idee, tote Körper zu konservieren, ist nicht neu. Bereits im alten Ägypten wurden von verstorbenen Herrschern sogenannte Totenmasken angefertigt. Dabei sollten die Gesichtszüge der Toten möglichst wirklichkeitsgetreu konserviert werden, damit die Seele des Verstorbenen ihren alten Körper später wiedererkennt. Aus diesem Grund dienten Gipsabgüsse von Gesichtern, die heute noch im Kairoer Nationalmuseum zu sehen sind, als Vorlagen für Mumienmasken. Die berühmteste von ihnen ist die goldene Totenmaske von Tutanchamun.

Im antiken Griechenland ging man später dazu über, die Abgüsse bereits von lebenden Gesichtern anzufertigen, damit die Bildhauer nach dem Tod ein möglichst getreues Abbild des Antlitzes haben. Die Masken der Verstorbenen wurden dann in Form von wachsgegossenen Gesichtern in der Familie als Erinnerungsstücke aufbewahrt. Sie galten als Bindeglied zwischen dem Diesseits und Jenseits. Die Griechen waren nämlich davon überzeugt, dass der Tod die Menschen zwar trennt, aber ihre innere Verbundenheit niemals aufheben kann.

Auch heute kann jeder von sich noch zu Lebzeiten eine Gipsmaske anfertigen lassen, aus der sich später eine Totenmaske modellieren lässt. Sie hilft, eine lebendige Erinnerung an Verstorbene in den eigenen vier Wänden zu bewahren und in der Familie Trauerarbeit zu leisten.

Wer auf dem Friedhof trauern möchte, sollte beachten, dass die Totenruhe auch Grabstellen und Grabsteine mit einschließt. Der Zeitraum wird in den verschiedenen Friedhofsordnungen festgelegt und umfasst etwa 10 bis 25 Jahre. Wer Gräber oder Teile davon zerstört, muss ebenfalls mit einer Strafe von bis zu drei Jahren Gefängnis rechnen. Manche Hinterbliebene denken nicht daran, dass auch sie davon betroffen sind. Wer zum Beispiel ein Grab umbetten möchte, weil er weggezogen ist oder die Witwe und andere Angehörige sich vorher auf keine Grabstelle einigen konnten, muss damit mehrere Jahre warten. In Ausnahmefällen kann eine Umbettung bei den Behörden beantragt werden, wobei triftige Gründe wie zum Beispiel der Umzug ins Ausland vorliegen müssen. Jeder Einzelfall wird gesondert geprüft. Insofern sollten Sie bei einer Erd- oder Urnenbestattung möglichst zu Lebzeiten Ihre letzte Ruhestätte bestimmen. Vielleicht lassen Sie sich von Heine inspirieren: »Wo wird einst des Wandermüden / letzte Ruhstätte sein? / Unter Palmen in dem Süden? / Unter Linden an dem Rhein?«

8.

Was soll mit meinem Körper passieren?

Wenn jemand stirbt, ist es immer sehr schwer und unglaublich traurig. Aber selbst nach deinem Tod kannst du jemandem helfen. Organspende rettet Leben. Aber sich mit Organspende zu befassen heißt, sich mit dem Tod befassen zu müssen, und das ist etwas, was für viele kaum vorstellbar ist.

Amonyme Organempfängerin

Ende als Anfang

Am 22. Juni 2013 verstirbt ein junger Mann auf tragische Weise. Er ist nachts mit seinem Motorrad unterwegs. Auf regennasser Fahrbahn kommt er von der Straße ab und prallt gegen einen Baum. Er verstirbt noch am Unfallort. Für seine Eltern, Geschwister und seine Lebenspartnerin bricht eine Welt zusammen. Ein geliebter Mensch wird aus ihrer Mitte gerissen. Was bleibt, sind grenzenlose Trauer und die stetige Frage nach demWarum.

Ebenfalls an diesem Tag befindet sich Ulrich Bauer, 49 Jahre alt, auf der Intensivstation. Vor vier Jahren erlitt er einen Herzinfarkt, der zunächst unentdeckt blieb. Erst nach einem Jahr bekam Ulrich Bauer kaum noch Luft. Bis zu diesem Zeitpunkt hatte der unentdeckte Infarkt das Herz schon derart geschwächt, dass es allein kaum noch arbeitete. Wenig später bekam er einen Herzschrittmacher eingesetzt, der allerdings bald nicht mehr ausreichte. Es folgte ein weiterer Herzschrittmacher. Die Herzprobleme wurden immer stärker. Selbst kurze Strecken konnte Ulrich Bauer bald nicht mehr gehen, ohne dass extreme Atemnot auftrat. Nun war klar, dass ein neues Herz notwendig und unumgänglich war. Seit einem Jahr stand Ulrich Bauer nun auf der sogenannten HU-Liste für Organtransplantationen. HU steht für »High Urgency« – »sehr dringend«. Auf diese Liste kommt ein Patient, wenn er ohne Organspende nicht mehr lange weiterleben kann.

Für Ulrich Bauer beginnt am Todestag des jungen Motorradfahrers ein neues Leben. Gegen Mitternacht wird ihm mitgeteilt, dass ein passendes Spenderherz zur Verfügung steht. Einige Stunden später findet die Transplantation statt. Das Herz des Motorradfahrers rettet Ulrich Bauers Leben. Er sagt, er sei unendlich dankbar und glücklich. Aber er denke auch oft an die Familie des jungen Mannes und an deren Trauer. Er hoffe, die Tatsache, dass das Herz des Sohnes, Bruders und Lebensgefährten ein Leben gerettet habe, könne die Trauer etwas mildern.

Der Fall von Ulrich Bauer zeigt, wie emotional aufgeladen das Thema Organspende ist. Dies liegt zum einen an der Tatsache, dass im Rahmen eines Organspendevorgangs zumeist der Spender verstorben ist und ein anderer Mensch überlebt bzw. sein Leben verlängern kann. Unsagbare Trauer über den Verlust des eigenen Lebens oder das eines Verwandten oder Freundes und die unermessliche Freude darüber, dass man selbst oder ein Angehöriger weiterleben kann, stehen einander gegenüber.

Über diese Ambivalenz hinaus fühlen sich die wenigsten Menschen von den Entscheidungen und Problemen rund um die Organspende direkt angesprochen. Zu weit weg erscheint der eigene Tod oder eine lebensbedrohliche Erkrankung ihrer selbst bzw. naher Angehöriger, die eine Organspende notwendig macht. Neben der vermeintlich mangelnden Relevanz für das persönliche Leben sind aber auch andere Gefühle vor- und beherrschend: Angst, die aufkommt, wenn das eigene Lebensende thematisiert wird. Nachdenklichkeit und Unruhe, die entstehen, wenn der eigene Tod als unausweichliche Tatsache erkannt werden muss. Und auch Unsicherheit: Was passiert im Fall einer Organspende? Wann, wie und welche Organe werden mir im Ernstfall entnommen? Wer entscheidet darüber, was mit meinem Körper oder dem meiner nahen Angehörigen tatsächlich geschieht?

Wann bin ich tot?

Der Begriff »Organspende« bezeichnet die Möglichkeit, Organe zur Verfügung zu stellen, um sie einem Menschen als Ersatz für fehlerhafte oder gar nicht mehr arbeitende Organe einzupflanzen (lat. Transplantation). Organverpflanzungen können innerhalb eines Menschen vollzogen werden (autogene Transplantation), zum Beispiel Hauttransplantationen, zwischen Mensch und Mensch (allogene Transplantation), beispielsweise Niere, Herz, Leber, und zwischen Tier und Mensch (xenogene Transplantation), etwa Herzklappen vom Schwein.

Mit den Möglichkeiten der Transplantationsmedizin sind mittlerweile die wesentlichen inneren Organe ersetzbar: Niere, Lunge, Herz, Leber, Bauchspeicheldrüse und Dünndarm. Im Rahmen der Versorgung von Unfallverletzten wurden erfolgreich ganze Arme und Teile eines Gesichtes übertragen. Der Aufbau von Knochen- oder Knorpeldefekten mit körpereigenem Material oder speziell gezüchtetem Gewebe wird ebenfalls zunehmend möglich. Auch Teile von Organen oder Gewebe können zur Verbesserung der Organfunktion verpflanzt werden.

Unterschieden werden muss grundsätzlich zwischen der Lebend- und der Todspende. Als Lebendspende wird die Organspende durch einen gesunden Menschen bezeichnet. Hierbei werden Organe oder Organteile entnommen und übertragen. In Frage kommt eine Spende der paarig angelegten Nieren sowie Lebergewebe, da die Leber ein Organ mit guter Regenerationsfähigkeit ist, d. h. dass das Gewebe nachgebildet wird. In engen Grenzen sind auch Teile von Lunge, Dünndarm und Bauchspeicheldrüse übertragbar.

Die Todspende ist die Organspende nach einer gravierenden Hirnschädigung, die nach allem medizinischen Wissen zum Tode führt.

Eine große Sorge vieler potentieller Organspender betrifft die Frage, zu welchem Zeitpunkt einem Menschen Organe entnommen werden dürfen. Kann es passieren, dass ein Mensch zu schnell für tot erklärt wird und seine Organe damit zu früh zur Entnahme freigegeben werden?

Bereits 1992 wurde anlässlich des sogenannten Erlanger Babys über den Todeszeitpunkt diskutiert. Der Fall einer im vierten Monat schwangeren 18-Jährigen, bei der nach einem Verkehrsunfall der Hirntod festgestellt wurde, die aber trotzdem ihr Kind austragen sollte, erregte große Aufmerksamkeit.

Tatsächlich sind die Regeln in Deutschland streng. Ein Mensch gilt als tot, wenn sein Herz zu schlagen aufgehört hat. Der Kreislauf kommt zum Stillstand und das Gehirn wird nicht mehr mit Sauerstoff versorgt. Die Diagnose »Hirntod« muss von zwei unabhängigen Ärzten gestellt werden. Die Frage »Wie tot ist der ›Hirntote‹?« ist seither zum Gegenstand heftiger Diskussionen geworden. Denn wenn ein Hirntoter beatmet wird, arbeiten alle anderen Organe weiter.

Nach den Richtlinien des Beirats der Bundesärztekammer ist der Hirntod ein »Zustand der irreversibel erloschenen Gesamtfunktion des Großhirns, des Kleinhirns und des Hirnstamms. Dabei wird durch kontrollierte Beatmung die Herz- und Kreislauffunktion noch künstlich aufrechterhalten«. Die Bedingungen zur Feststellung des Hirntodes sind gesetzlich vorgeschrieben. Demnach müssen eine direkte oder indirekte Hirnschädigung und ein Koma vorliegen. Ferner müssen die Reflexe des Patienten erloschen sein. Notwendig ist zudem der Ausschluss einer Vergiftung, eines Schocks und einer Unterkühlung.

In Deutschland wird ein Patient erst dann für hirntot erklärt, wenn die vorgenannten Bedingungen erfüllt sind und dieser Befund in einer weiteren Untersuchung, die zwölf Stunden später erfolgt, bestätigt wird. Alternativ können apparative Untersuchungen zum Nachweis des Erlöschens aller Hirnfunktionen durchgeführt werden wie ein Elektro-Enzephalogramm (EEG) zum Nachweis fehlender elektrischer Hirnströme und eine Dopplersonographie zum Nachweis aufgehobener Blutzirkulation im Gehirn. Die Untersuchung muss durch zwei dafür qualifizierte Ärzte durchgeführt werden, die über eine mehrjährige Erfahrung in der Intensivbehandlung von Patienten mit schweren Hirnschädigungen verfügen. Sie dürfen nicht Mitglieder des Transplantationsteams sein.

Um dem Mangel an Spenderorganen zu begegnen, wird in einigen Ländern der Zeitpunkt einer Organentnahme deutlich vorverlegt. In den USA, aber auch in europäischen Nachbarländern (Österreich, Schweiz, Niederlande, Belgien) und Spanien ist anders als in Deutschland eine Organentnahme zehn Minuten nach einem durch EKG nachgewiesenen Herzstillstand möglich, ohne dass ein Hirntod festgestellt wird. Die Bundesärztekammer hält hingegen an der Feststellung des Hirntods als Kriterium für die Organentnahme fest, auch wenn schon 1998 Eurotransplant, die Zentrale für die Vermittlung von Organen, vorgeschlagen hat, einen Herzstillstand über zehn Minuten als dem Hirntod gleichwertig zu betrachten.

Trotz großer Fürsprache für das Kriterium des Hirntodes

soll nicht verschwiegen werden, dass es auch Kritiker dieses Konzepts gibt, die anführen, dass Menschen, die als Organspender in Frage kommen, trotz ihres Hirntods noch lebten. Sie seien zwar unumkehrbar sterbenskrank und würden ohne intensivmedizinische Betreuung tot sein, insbesondere sei vielen Angehörigen aber nicht klar, dass ihr Einverständnis zur Organentnahme für den sterbenden Menschen gelte und nicht für einen Toten. Einige Kritiker mutmaßen sogar, dass der Todeszeitpunkt vorverlegt werde, um dem bestehenden Organmangel zu begegnen.

Ablauf einer Todspende

Ist ein Mensch bzw. eines seiner Organe so schwer erkrankt, dass eine Todspende erforderlich ist, stellt sich der Betroffene bei einem Transplantationszentrum vor. Hier erfolgen die vorbereitenden Untersuchungen und die Aufnahme in eine Warteliste bei Eurotransplant. Von diesem Zeitpunkt an muss der Patient ständig telefonisch erreichbar sein und sich auf einen längeren Krankenhausaufenthalt einstellen.

Wird in einem Entnahmekrankenhaus bei einem Patienten der Hirntod festgestellt und liegt eine Einwilligung zur Organspende vor, wird dies der Deutschen Stiftung Organtransplantation (DSO) gemeldet. Diese gibt die medizinischen Daten anschließend an Eurotransplant weiter. Nach Auswertung aller Daten erfolgt die Auswahl eines potentiellen Empfängers und die Information des Transplantationszentrums, in dem dieser gemeldet ist. Nach Prüfung der übermittelten Daten stellt das Zentrum die Eignung des Organs für den entsprechenden Empfänger fest. Anschließend wird der wartende Patient benachrichtigt und untersucht, um festzustellen, ob er gesundheitlich fit für die Operation ist. Danach beginnen sofort die Operationsvorbereitungen. Währenddessen organisiert die DSO die Entnahme des Organs und seine schnellstmögliche Überführung.

Auch unter optimalen Bedingungen ist die Überlebenszeit der Organe nach ihrer Entnahme begrenzt und die Transplantation muss zügig durchgeführt werden.

Je nachdem, welches Organ verpflanzt wurde, schließt sich ein längerer Krankenhausaufenthalt an, gefolgt von einem körperlichen Aufbau in einer Rehabilitationseinrichtung. Der Krankenhausaufenthalt dient im Wesentlichen dazu, die Funktion des neuen Organs zu überprüfen und Abstoßungsreaktionen frühzeitig zu erkennen. Außerdem erfolgt die Einstellung auf Medikamente zur Unterdrückung des Immunsystems. Wichtig ist dabei die Akzeptanz, d.h. auch psychisch gelungene Annahme des Organs sowie eine strikte Therapietreue und Mitarbeit des Patienten. Denn auch nach der Entlassung sind eigene protokollierte Beobachtungen der Organfunktion, exakte Einnahme der Medikamente und regelmäßige lebenslange Kontrolluntersuchungen im Transplantationszentrum wichtig für den Erfolg der Maßnahme.

Von großer Bedeutung für das Gelingen einer Organtransplantation ist bei Lebend- und Todspenden auch die Beachtung der psychologischen Aspekte. Die psychische Verarbeitung ist unter anderem abhängig von den übertragenen Organen und dem erforderlichen Aufwand. So ist nachvollziehbar, dass beispielsweise die Transplantation von Augenhornhaut weniger belastet und schneller verarbeitet werden kann als die Übertragung eines so emotional besetzten Organs wie des Herzens.

Entscheidend sind auch die Bewältigungsstrategien der Empfänger, ihre Fähigkeit, Krisen zu bewältigen und mit einschneidenden Erlebnissen umzugehen.

Insbesondere die Wartezeit wird häufig als sehr belastend empfunden. Die Angst vor der Operation, die ständige Bereitschaft, innerhalb von Stunden operiert zu werden, aber auch die Zweifel, ob rechtzeitig ein passendes Organs gefunden werden kann. Demgegenüber steht die Hoffnung auf ein »zweites Leben«.

Nach erfolgreicher Transplantation bewegen sich die Emotionen häufig zwischen der Angst vor Abstoßung des Organs und der Freude und Erleichterung über eine gelungene Operation und eine »neue« Zukunft. Aber auch Depressionen werden häufig erlebt, besonders bei auftretenden Komplikationen. Sind alle Wunden verheilt, beginnt die Aufgabe der Reintegration in Familie und Beruf, die unter Umständen mit neuen Rollenzuweisungen verbunden ist.

Nicht unterschätzt werden darf auch die Beschäftigung mit dem Spender. Möglich sind Schuldgefühle wie zum Beispiel das Gefühl, das »Opfer« nicht verdient zu haben, oder das Bedauern, sich nicht persönlich bedanken zu können. Hier bietet die DSO die Möglichkeit, den Angehörigen einen Brief zukommen zu lassen. Sie können sich ihrerseits auch nach dem Befinden des Empfängers erkundigen, allerdings nur anonym.

Die Rechtslage

Durch die Organspende sind die Rechte verschiedener Personen betroffen: auf der einen Seite die der Organspender, auf der anderen jene der Organempfänger. Im Falle der Todspende sind darüber hinaus die Angehörigen des verstorbenen Spenders und damit ihre Rechte und Interessen zu berücksichtigen.

Der Organempfänger benötigt das gewünschte Organ, um eine schwere Krankheit zu lindern oder gänzlich zu heilen. Unter Umständen ist die Transplantation eines Spenderorgans sogar notwendig, um das Leben des Organempfängers zu retten. Das Leben und die Gesundheit werden in Art. 2 Abs. 2 S. 1 des Grundgesetzes (GG) geschützt.

Wird ein Organ einem lebenden Spender entnommen, so sind unterschiedliche Rechte berührt, die ihre Grundlagen ebenfalls im Grundgesetz finden. Insofern ist einerseits auf das Recht auf Menschenwürde aus Art. 1 Abs. 1 GG abzustellen. Diese Vorschrift garantiert jedem lebenden Menschen ein Minimum an Rechten, die jedermann zukommen. Eine Verletzung der Menschenwürdegarantie liegt vor, wenn der Mensch zu einem Objekt herabgewürdigt wird. Durch die Entnahme eines Organs darf der Spender demnach nicht als bloßes Mittel zur Heilung anderer Menschen behandelt werden.

Ferner wird das sogenannte Recht auf Selbstbestimmung nach Art. 2 Abs. 1 GG berührt, das dem Einzelnen ermöglicht, die eigenen Angelegenheiten frei und eigenverantwortlich zu gestalten, soweit dies nicht gegen die anerkannten Regeln der jeweiligen Gemeinschaft verstößt.

Jede Person muss somit selbst entscheiden können, ob sie ein Organ spenden möchte oder nicht. Aufgrund dieser grundgesetzlichen Regelung darf niemand zur Spende eines Organs gezwungen werden. Letztlich kann zudem nicht ausgeschlossen werden, dass das Recht auf Glaubensfreiheit nach Art. 4 Abs. 1 GG, das jeder Person die Möglichkeit einräumt, ihr Verhalten an ihrer Religion und deren Regeln auszurichten, berührt wird. Dies dürfte insbesondere der Fall sein, wenn eine Religion oder bestimmte Teile einer solchen eine Organentnahme nicht zulassen. Auch unter diesem Gesichtspunkt scheidet ein Zwang zur Organspende aus.

Bei der Todspende sind die Rechte des verstorbenen Spenders zu beachten. Denn ihm steht auch nach seinem Tod ein sogenanntes postmortales Persönlichkeitsrecht zu, das ebenfalls aus der Menschenwürdegarantie des Art. 1 Abs. 1 GG abgeleitet wird. Danach kann der verstorbene Spender zu Lebzeiten festlegen, was mit seinem Körper nach dem Tod geschehen soll. Dieser Wille ist zu respektieren und zu befolgen.

Abschließend sind im Rahmen der Todspende die Rechte der Angehörigen des verstorbenen Spenders zu berücksichtigen. Diesbezüglich ist auf das bestehende Totensorgerecht hinzuweisen. Dieses Recht erwächst aus der persönlichen Verbundenheit zwischen Angehörigen und Verstorbenem und erstreckt sich in erster Linie auf den Umgang mit dem Leichnam. Das Recht der Angehörigen umfasst die Umsetzung des Willens des Verstorbenen und findet in diesem seine Grenze. Es muss folglich im Sinne des Organspenders ausgeübt werden, weshalb seine zu Lebzeiten geäußerten Wünsche stets Vorrang haben.

Wann dürfen Organe entnommen werden?

Die Entnahme von Organen und Gewebe bei Toten regeln Paragrafen 3 bis 7 des Transplantationsgesetzes (TPG). Es sieht für die Entnahme von Organen bei verstorbenen Spendern die erweiterte Zustimmungslösung (Einwilligung) vor. Danach darf ein Organ einer verstorbenen Person nur dann entnommen werden, wenn die Zustimmung zur Organspende durch den Verstorbenen erteilt wurde. Die Einwilligung des Spenders ist ab dem vollendeten 16. Lebensjahr möglich.

Die Einwilligung in die Todspende kann auf bestimmte Organe beschränkt werden und bedarf keiner speziellen Form, d. h. dass sie nicht schriftlich erfolgen muss. Eine mündliche Einwilligung ist also möglich und ausreichend. Ferner kann die Einwilligung widerrufen werden. Ist keine schriftliche Einwilligung, zum Beispiel durch einen Organspenderausweis, vorhanden, so hat der Arzt zur Berücksichtigung einer möglicherweise mündlich erteilten Einwilligung die nächsten Angehörigen danach zu befragen, ob ihnen eine entsprechende Erklärung bekannt ist. Liegt hingegen eine schriftliche Einwilligung vor, müssen die nächsten Angehörigen über eine beabsichtigte Entnahme informiert werden. Nur so ist es möglich, dass ein eventuell mündlich geäußerter Widerruf der Einwilligung durch den Spender berücksichtigt werden kann.

Will ein Spender zu Lebzeiten nicht darüber entscheiden, ob er nach seinem Tod Organe spenden möchte, so besteht die Möglichkeit, die Entscheidung auf eine Vertrauensperson zu übertragen. Diese Vertrauensperson entscheidet dann im Falle des Todes über die Entnahme der Organe. Hat der Spender vor seinem Tod keine Entscheidung getroffen oder geäußert und auch keine Vertrauensperson benannt, so können die nächsten Angehörigen über die Organspende entscheiden. Die nächsten Angehörigen sind: der Ehegatte oder der eingetragene Lebenspartner, die volljährigen Kinder, die Eltern, die volljährigen Geschwister und die Großeltern. In diesem Zusammenhang ist es nicht ausreichend, dass ein formales Verwandtschaftsverhältnis vorliegt. Das Gesetz verlangt vielmehr, dass ein persönlicher Kontakt in den letzten zwei Jahren vor dem Tod bestand. Bei der Entscheidung müssen die Angehörigen so entscheiden, wie sie glauben, dass der Verstorbene selbst entschieden hätte. Sie müssen sich am sogenannten mutmaßlichen Willen des Spenders orientieren und daher im Sinne des Spenders entscheiden.

Unabhängig von der erteilten Zustimmung ist es ferner erforderlich, dass der Tod des Organ- oder Gewebespenders – nach Regeln, die dem Stand der Erkenntnisse der medizinischen Wissenschaft entsprechen – von zwei qualifizierten Ärzten unabhängig voneinander festgestellt wurde und ein irreversibler Totalausfall von Großhirn, Kleinhirn und Hirnstamm (Hirntod) vorliegt. Die feststellenden Ärzte dürfen an der späteren Organtransplantation nicht beteiligt sein. Letztlich muss der Eingriff, also die Organ- oder Gewebeentnahme, von einem Arzt vorgenommen werden. Im Falle der Entnahme von Organen oder Gewebe bei einem toten Embryo oder Fötus bedarf es der qualifizierten Feststellung des Todes und darüber hinaus der Einwilligung jener Frau, die mit dem Embryo oder Fötus schwanger war.

Da die Anzahl der Organspender im Verhältnis zu den

Menschen, die ein Organ dringend benötigen, zu gering ist, trat am 1. August 2012 das TPG-Änderungsgesetz in Kraft. Das Transplantationsgesetz regelt nun die Spende, Entnahme und Übertragung von Organen und Gewebe nicht mehr wie bisher ausschließlich durch die erweiterte Zustimmungs-, sondern durch die Entscheidungslösung. Letztere beinhaltet, dass alle Krankenversicherten, die mindestens 16 Jahre alt sind, in regelmäßigen zeitlichen Abständen befragt werden, ob sie einer Todspende zustimmen. Die gesetzlichen und privaten Krankenversicherungen trifft im Zuge der Gesetzesänderung die Pflicht, ihre Versicherten dazu aufzufordern, eine Entscheidung für oder gegen eine Todspende zu treffen und ihre Entscheidung entsprechend zu dokumentieren. Sinn und Zweck der Neuregelung ist es, bei den Bürgern ein Problembewusstsein zu schaffen und auf diese Weise die Anzahl der Organspender zu erhöhen.

Internationale Regelungen

Die Todspende ist nicht in allen Ländern gleich geregelt. Vielmehr bestehen unterschiedliche Normierungen, die alle das Ziel verfolgen, möglichst viele Bürgerinnen und Bürger zur Organspende zu bewegen. Diesbezüglich ist zwischen der Zustimmungs-, Entscheidungs-, Widerspruchs- und Informationslösung zu unterscheiden.

Bei der Zustimmungslösung dürfen einer verstorbenen Person nur dann Organe, Gewebe oder Zellen entnommen werden, wenn explizit das Einverständnis dazu gegeben wurde. In Deutschland gilt neben der seit 2012 bestehenden Entscheidungslösung, nach der die Bevölkerung in regelmäßigen Abständen aufgefordert wird, ihren Willen zur Organspende zu äußern, weiterhin die erweiterte Zustimmungslösung, nach der eine fehlende Erklärung des Verstorbenen weder als Ablehnung noch als Zustimmung gewertet wird. In diesem Fall werden sodann die nächsten Angehörigen hinsichtlich der Bereitschaft zur Organspende befragt. Wenn die nächsten Angehörigen ihre Zustimmung erteilen, so ist die Organentnahme zulässig. Bei der Entscheidung der Angehörigen ist dem Willen der verstorbenen Person Vorrang gegenüber demjenigen der nächsten Angehörigen einzuräumen, wenn er bekannt sein sollte. Die erweiterte Zustimmungslösung gilt zum Beispiel in Deutschland, Dänemark, Großbritannien, den Niederlanden und den USA.

Einige Länder sehen ebenso eine Zustimmungslösung vor, begrenzen sie aber auf die ausdrückliche Zustimmung des Verstorbenen zu Lebzeiten. Liegt keine Zustimmung vor, so wird eine Ablehnung der Organentnahme durch den Spender angenommen. Die Angehörigen werden nicht befragt. Aufgrund des beschränkten Anwendungsbereichs nennt man diese Regelung enge Zustimmungslösung. Sie ist lediglich in Japan vorgesehen.

Abweichend von den zwei Varianten der Zustimmungslösung ist die Widerspruchslösung anzuführen, die wiederum in zwei Modelle zu unterteilen ist. Im Rahmen der engen Widerspruchslösung, die beispielsweise in Spanien und Österreich gesetzlich normiert ist, können die Organe eines Verstorbenen entnommen werden, wenn er zu Lebzeiten nicht ausdrücklich widersprochen hat. Schweigt der Spender, wird dies als Zustimmung gewertet. In einigen

Ländern werden die Angehörigen als Vertreter des Verstorbenen berücksichtigt, wenn kein zu Lebzeiten geäußerter Widerspruch ersichtlich ist. Sie können der Entnahme ausdrücklich widersprechen. Diese Regelung wird als erweiterte Widerspruchslösung bezeichnet, die beispielsweise in Belgien, Finnland und Norwegen vorgesehen ist.

Die Informationslösung verknüpft Elemente der erweiterten Zustimmungs- und der Widerspruchslösung. Sie sieht vor, dass die nächsten Angehörigen über eine mögliche Entnahme informiert und auf ein eventuelles Widerspruchsrecht hingewiesen werden. Widersprechen die Angehörigen nicht innerhalb einer bestimmten Frist, so wird das Schweigen der Angehörigen als Zustimmung gewertet und Organe dürfen entnommen werden. Eine entsprechende Regelung gibt es in Frankreich.

Wie können die verfügbaren Spenderorgane gerecht verteilt werden?

Eine Organspende hängt aus ethischer Sicht vor allem mit dem Problem der Verteilungsgerechtigkeit zusammen. Es gibt mehr Menschen, die an Organversagen leiden, als in Europa Spenderorgane verfügbar sind. Durch dieses Missverhältnis sterben allein in der Bundesrepublik jährlich mehr als 14.000 Patientinnen und Patienten, weil es einen Mangel an Spenderorganen wie Herzen oder Nieren gibt. Dabei kann jeder ab dem 16. Lebensjahr für sich entscheiden, ob er nach dem Tod Organe spenden möchte, und seinen Willen in einem Organspenderausweis kundtun. Anh. 1.8
Dieser kann zum Beispiel kostenlos bei der Bundeszentrale

für gesundheitliche Aufklärung oder bei der Deutschen Stiftung Organtransplantation heruntergeladen werden. In diesem Ausweis wird angegeben, welche Organe entnommen werden dürfen und welche nicht. Darüber hinaus ist es auch möglich, schriftlich zu erklären, dass jemand Organe spenden möchte; diese Entscheidung kann auch schriftlich für den Fall des Todes auf eine bestimmte Person übertragen werden. In einem Organspendeausweis kann darüber hinaus auch festgelegt werden, dass eine Person im Falle ihres Todes ausdrücklich keine Organe spenden will.

Ein potentieller Spender oder eine Spenderin sollte den Organspenderausweis oder eine andere schriftliche Erklärung immer bei sich tragen. Die Entscheidung, Organe spenden zu wollen, kann jedoch jederzeit widerrufen werden. Es gibt in Deutschland kein zentrales Register, in dem Personen erfasst werden, die Organe spenden wollen.

Bisher ist die Spendenbereitschaft nicht besonders stark ausgeprägt. Durch den Mangel an Spenderorganen stellt sich deshalb immer wieder die Frage, welche Person von mehreren gleich bedürftigen Kranken als erste ein Spenderorgan erhalten soll. In der Praxis wird die Bedürftigkeit mithilfe medizinischer Kriterien geklärt. Hierbei spielen unter anderem das Alter, die Übereinstimmung der Blutgruppe, die Gewebeverträglichkeit, der allgemeine Gesundheitszustand und die genetische Disposition eine Rolle. Auch die Frage der »längeren Lebensaussichten« wird mit berücksichtigt.

Für eine gerechte Verteilung von Spenderorganen sollten jedoch nicht nur medizinische Kriterien berücksichtigt werden, da alle Menschen aufgrund des Artikel 2 des

Grundgesetzes einen ethisch-rechtlichen Anspruch auf den Schutz ihres Lebens haben und nach Artikel 3 auch nicht benachteiligt werden dürfen, was ihren Anspruch auf gesundheitliche Fürsorge anbelangt. Aus der Gleichheit dieses Anspruchs leitet sich die Gleichheit der Verpflichtung ab, allen Kranken das von ihnen benötigte Organ einzupflanzen. Diese Verpflichtung, Menschen als Menschen gleich zu behandeln, kann nicht mit einer medizinisch beschriebenen Ungleichheit der Kranken aufgehoben werden.

Die Organverteilung wird derzeit über Eurotransplant im niederländischen Leiden geregelt. Dort werden Bedürftige nach einem Punktesystem hinsichtlich medizinischer Kriterien und der bereits absolvierten Wartezeit auf einer Liste eingestuft. Dabei kann es passieren, dass einige Bedürftige auf dieser Warteliste die gleiche Punktzahl erreichen. In diesem Fall müsste ein Entscheidungsverfahren gefunden werden, das ihren gleichen Anspruch auf Lebensschutz berücksichtigt – bisher gibt es ein solches Verfahren aber noch nicht.

Aus ethischen Gründen wurde deshalb der Vorschlag gemacht, das Auswahlverfahren künftig nach dem Lotterie-Prinzip zu gestalten, d. h. die Umsetzung des gleichen Anspruchs auf ein Organ dem Zufall zu überlassen. Wie bei der Lotterie üblich, haben Patientinnen und Patienten mit gleicher Punktzahl jeweils eine farbige Kugel in einer Trommel. Nach einer hinreichenden Durchmischung der Kugeln wird dann eine bestimmte farbige Kugel gezogen, und diejenige Person, die die Kugel eingebracht hat, erhält das Organ. Dieses Verfahren hätte den Vorteil, dass eine Bevorzugung bestimmter Patientinnen und Patienten bei der Organvergabe ausgeschlossen wäre.

Menschenwürde und Organspende

Die Organspende ist eng mit dem Problem der Menschenwürde verbunden. Da in den meisten Fällen auf tote Spender zurückgegriffen wird, soll eine Organentnahme die Ruhe und Würde der Toten nicht stören. Sie darf auch nicht dazu führen, dass der Körper eines Toten »ausgeschlachtet« wird und als Ersatzteillager dient. Die Identität der Verstorbenen muss unter allen Umständen gewahrt bleiben und für die Hinterbliebenen auf den ersten Blick erkennbar sein. Alle Beteiligten können sich bei aufkommenden Zweifeln an der Sinnhaftigkeit einer Organentnahme immer wieder vergegenwärtigen, dass es sich dabei um eine lebensrettende Maßnahme handelt.

Für die Familie eines toten Organspenders bedeutet die Organspende auch die Chance, »ein Stück Leben« an den Empfänger weiterzugeben. Es ist für den bedürftigen Menschen ein kostbares Geschenk.

Wem gehört »Gottes Geschenk«?

In Deutschland leben Menschen mit unterschiedlichen religiösen Überzeugungen, die auch potentielle Empfänger oder Spender von Organen sind. Aus diesem Grunde spielen auch die ethischen Standpunkte der großen Weltreligionen zur Organspende eine Rolle.

Die katholische und die evangelische Kirche haben 1990 eine gemeinsame Erklärung zur Organspende abgegeben. Das Leben wird als Geschenk Gottes angesehen, das er den Menschen anvertraut hat. Deshalb befürworten evangelische und katholische Christinnen und Christen die Organspende, um das gottgegebene Leben zu erhalten. Allerdings gebietet die respektvolle Achtung vor Gottes Schöpferwirken, dass der Leichnam der Toten mit Pietät behandelt und würdig bestattet wird. Die Ehrfurcht vor den Toten wird als eine Urform ethischen Verhaltens angesehen. Niemand hat automatisch einen Anspruch auf Körperteile eines lebenden oder toten Spenders – eine Organspende muss sich bedingungslos auf Freiwilligkeit gründen.

In der islamischen Religion gibt es verschiedene Glaubensrichtungen, sodass eine einheitliche Aussage zur Organspende nicht abgegeben werden kann. Religiöse Gesetzestexte, die Fatwas, erlauben jedoch in verschiedenen islamischen Ländern wie zum Beispiel Ägypten die Transplantation von Organen, wenn sie die einzig lebensrettende Behandlung für den Empfänger oder die Empfängerin darstellt. Voraussetzung dafür sind der medizinisch festgestellte Tod und die Zustimmung des Spenders oder der Spenderin bzw. der Angehörigen. Einige religiöse Würdenträger kritisieren allerdings die Todspende, da der Körper der Toten Allah gehöre und nicht verletzt werden dürfe.

In der jüdischen Religion sind das Leben und seine Erhaltung das höchste Gut. Deshalb ist auch eines der wichtigsten Gebote, Leben zu retten. Aus diesem Grund hat die Mehrheit der jüdischen Gläubigen Organspenden akzeptiert, sofern der Leichnam mit Respekt behandelt wird. Die orthodoxen Juden legen allerdings großen Wert auf die Integrität des toten Körpers. So wird gemäß der Halacha der Hirntod nicht anerkannt. Ein Mensch gilt erst dann als tot, wenn er nicht mehr atmet und keinen Herzschlag mehr hat.

Zu den ethischen Grundsätzen des Buddhismus und zu den Voraussetzungen, das Nirwana zu erlangen, gehören unter anderem Mitgefühl, Geben, Teilen und Solidarität. Betont wird dabei, dass sich der Mensch nicht an seinen Körper klammern soll. Deshalb sind Organspenden von Lebenden und Toten erlaubt.

In der hinduistischen Religion lebt die Seele der Verstorbenen weiter und wird in einem anderen Lebewesen wiedergeboren. Obwohl im Hinduismus Körper und Seele klar getrennt werden, herrscht die Meinung vor, dass der Leichnam unversehrt bleiben müsse. Es gibt allerdings keine religiösen Bestimmungen, welche Organspende und -transplantation verbieten. Sie gelten vorwiegend als Teil der religiösen Tradition, den Leidenden zu helfen.

So unterschiedlich die Religionen auch sind, in der grundsätzlichen Bereitschaft, Nächstenliebe durch eine Körperspende zu praktizieren, gleichen sie sich alle.

9.

Was soll mit meinen Dingen passieren?

Es gilt als ungehörig, über das Erben zu reden. Wohl weil dem Erben meist das Sterben vorangeht – und wenig so intim ist wie der Tod. Wenn ein Leben mit dem letzten Atemzug erlischt, dann ist das privat. Es geht nur die an, die den Toten kannten, liebten, hassten; die schreien, weinen oder beschämt aufatmen, die Witwer und Witwen, die Kinder, die Enkel: die Erben eben.

Julia Friedrichs, geb. 1979

Wohin mit den Millionen?

Im Jahr 2010 sorgte eine Erbschaft in den USA für Aufsehen. Die Millionärin Gail Posner, die mit 67 Jahren an Krebs gestorben war, vererbte an ihren Hund sowie an ihre sieben Hausangestellten zusammen rund 29 Millionen Dollar. Ihr Sohn hingegen erhielt »lediglich« eine Million Dollar, während allein die Haushälterin der reichen Dame fünf Millionen und ein lebenslanges Wohnrecht in der Prachtvilla erhielt, mit der Auflage, sich weiterhin um den Hund und die zudem noch vorhandenen Hausschildkröten zu kümmern. Der Sohn der verstorbenen Dame wehrte sich gerichtlich gegen das von seiner Mutter errichtete Testament und gab an, die Hausangestellten hätten seine depressive Mutter mithilfe von starken Medikamenten gefügig gemacht.

Auch wenn der zuvor geschilderte Sachverhalt ein skurriler Einzelfall ist, sind Streitigkeiten um das Erbe einer verstorbenen Person sehr häufig. Viele Menschen beschäftigen sich ungern mit dem Tod und schon gar nicht mit dem eigenen. Trotzdem ist es nicht erst im Alter wichtig, sich damit auseinanderzusetzen, wer im Falle des Todes wie viel des vorhandenen Hab und Guts erhalten soll. Das deutsche Erbrecht geht nämlich in erster Linie von intakten Familien aus, in denen Vater, Mutter, Kinder und Kindeskinder in friedlicher und liebevoller Gemeinschaft zusammenleben. Diese vermeintlich bestehenden und intakten persönlichen Beziehungen werden vom Gesetz vorausgesetzt, sodass einzig und allein die nahen Angehörigen als Erben bestimmt werden. Wenn man – aus welchen Gründen auch immer – nicht möchte, dass in erster Linie die nahen Angehörigen das Vermögen erben, ist es notwendig, die Nachlassplanung aktiv zu gestalten und zu bestimmen, wer die vorhandenen Besitztümer nach dem Tod erhalten soll.

Die gesetzliche Erbfolge

Kommt es zum Tod eines Menschen und steht die Frage nach den Erben und deren Ansprüchen im Raum, muss als Erstes geklärt werden, ob der Verstorbene, im Erbrecht als Erblasser bezeichnet, ein Testament hinterlassen hat. Liegt kein Testament vor, erfolgt die Erbschaft nach den Regeln, die das Erbrecht vorschreibt. Die sogenannte gesetzliche Erbfolge bestimmt, wer erbt, wenn kein Testament vorhanden ist.

In Deutschland können im Rahmen der gesetzlichen Erbfolge nur Menschen etwas erben, die mit der verstorbenen Person verwandt waren. Im Sinne des Gesetzes sind Verwandte solche Menschen, die gemeinsame Eltern, Großeltern, Urgroßeltern oder andere Vorfahren haben. Keine Verwandten im Sinne des deutschen Erbrechts sind hingegen verschwägerte Personen, wie Schwiegereltern oder Stiefkinder. Sie haben mit der verstorbenen Person keine gemeinsamen Vorfahren und sind damit von der gesetzlichen Erbfolge ausgeschlossen. Eine Ausnahme bilden hingegen Adoptivkinder. Auch wenn adoptierte Kinder keine gemeinsamen Vorfahren mit dem Erblasser aufweisen, sind sie von der gesetzlichen Erbfolge nicht ausgeschlossen. Sie können ebenso erben wie leibliche Kinder und haben dieselben Rechte und Pflichten. Eine ähnliche Regelung besteht für Ehepartner und Partner einer eingetragenen Lebenspartnerschaft. Obwohl diese ebenso wenig mit der verstorbenen Person verwandt waren, steht ihnen ein Erbrecht zu, wenn der Ehepartner bzw. Lebenspartner verstirbt.

Da ein Verstorbener zumeist unterschiedliche familiäre Beziehungen aufweist und nicht jeder zu gleichen Teilen erben soll und kann, findet sich im deutschen Erbrecht eine Einteilung der verwandten Erben in unterschiedliche Gruppen: die Erben erster, zweiter und dritter Ordnung. Ist noch ein Verwandter aus einer übergeordneten Ordnung am Leben, können Erben aus einer nachfolgenden Ordnung nicht erben.

Erben erster Ordnung

Erben erster Ordnung sind alle Abkömmlinge des Verstorbenen. Darunter fallen die Kinder, die Enkel und die Urenkel. Ob es sich um eheliche oder nichteheliche Kinder handelt, spielt dabei keine Rolle. Erben erster Ordnung erben vorrangig vor allen anderen Erben. Mit anderen Worten: Sind Erben erster Ordnung vorhanden, so erben diese vorrangig vor anderen Verwandten.

Verstirbt ein Mann bei einem Autounfall, der beispielsweise noch Eltern und einen Sohn hat, erbt der Sohn als Erbe erster Ordnung das gesamte Vermögen des Vaters. Gäbe es noch ein weiteres Kind, würden beide Kinder gemeinsam das gesamte Vermögen erben, also jeder die Hälfte. Die Eltern des Erblassers erben nicht, da sie als Erben zweiter Ordnung hinter die Kinder als Erben erster Ordnung zurücktreten. Auch mögliche Kinder des Sohnes, also Enkelkinder, erben nicht, da sich auch nähere Verwandte innerhalb einer Ordnung gegenseitig ausschließen.

Erben weiterer Ordnungen

Die Eltern der verstorbenen Person und deren Kinder sowie Kindeskinder sind Erben zweiter Ordnung. Hierzu gehören die Geschwister sowie die Neffen und Nichten des Erblassers. Ist ein ursprünglich Erbberechtigter bereits verstorben, so erben dessen Kinder den Erbteil. Verwandte der zweiten Ordnung können nur erben, wenn es keine Verwandten der ersten Ordnung mehr gibt. Zur dritten Ordnung gehören die Großeltern, deren Kinder und Kindeskinder (Tante, Onkel, Cousin, Cousine usw.), zur vierten Ordnung hingegen die Urgroßeltern und deren Kinder sowie Kindeskinder und so weiter.

☛ **Beispiel** Der Erblasser verstirbt und hinterlässt keine Kinder. Seine Eltern sind bereits verstorben. Er hat jedoch zwei Geschwister. Sein Bruder wiederum hat drei Kinder; seine Schwester zwei. In diesem Fall würde sich das Erbe wie folgt verteilen: Da keine Erben erster Ordnung vorhanden sind, erben die Erben zweiter Ordnung. Das sind hier die Geschwister des Erblassers. Der Bruder und die Schwester erben also zu gleichen Teilen – jeder die Hälfte. Die Neffen und Nichten erben nichts. Stirbt jedoch die Schwester des Erblassers auch, dann geht der Teil der Schwester auf ihre zwei Kinder über. Der Bruder des Erblassers erbt dann eine Hälfte des Vermögens, die Kinder der Schwester jeweils ein Viertel.

Die Ehefrau oder der Ehemann bzw. der eingetragene Lebenspartner oder die eingetragene Lebenspartnerin der verstorbenen Person erben neben den Erben erster Ordnung zu einem Viertel, neben Erben der zweiten Ordnung (also Eltern, Geschwister, Neffen oder Nichten des Erblassers oder der Erblasserin) und neben Großeltern zur Hälfte.

Zu berücksichtigen ist ferner, ob die Eheleute im Güterstand der Zugewinngemeinschaft gelebt haben. Der Güterstand der Zugewinngemeinschaft ist der Regelfall; er liegt vor, wenn kein Ehe- oder Partnerschaftsvertrag geschlossen wurde. Liegt eine solche Zugewinngemeinschaft vor, erhöht sich der jeweilige gesetzliche Erbteil um ein weiteres Viertel. Ebenso ist der Lebenspartner zu behandeln, wenn der Vermögensstand der Ausgleichsgemeinschaft vorliegt. Wurde hingegen eine Gütertrennung in einem Ehevertrag vereinbart, so ist entscheidend, wie viele Kinder als Erben zu berücksichtigen sind. Ist ein Kind vorhanden, beträgt die Quote die Hälfte, bei zwei Kindern ein Drittel, bei drei Kindern ein Viertel. Sind keine Kinder vorhanden, erben neben dem Ehepartner die Erben zweiter Ordnung. Der Ehepartner erbt neben diesen Erben im Falle der Zugewinngemeinschaft drei Viertel und bei einer Gütertrennung die Hälfte.

Unverheiratete und nicht eingetragene Partner werden von der gesetzlichen Erbfolge überhaupt nicht berücksichtigt. Lebt ein Paar also in einer Beziehung, ohne miteinander verheiratet zu sein, ist es von enormer Wichtigkeit, ein Testament zu verfassen, um den Partner im Falle des Todes finanziell abzusichern.

☛ **Beispiel** Ist ein Paar verheiratet, das zwei gemeinsame Kinder hat, und verstirbt einer der Ehepartner, erbt der überlebende Ehepartner die Hälfte und die Kinder gemeinsam die andere Hälfte, also jeder ein Viertel.

☛ **Beispiel** Lebt ein unverheiratetes Paar zusammen und hat ebenfalls zwei gemeinsame Kinder, erbt der Partner nicht und die Kinder das gesamte Vermögen, also jedes der Kinder die Hälfte.

☛ **Beispiel** Eine Frau ist nicht verheiratet und hat keine Kinder, sie hat noch einen Bruder und eine Mutter. In diesem Fall erbt die Mutter die Hälfte des Vermögens, da der Vater bereits verstorben ist. Der Bruder erbt die andere Hälfte des Vermögens. Die beiden Erben bilden eine Erbengemeinschaft. Würde der Vater noch leben, ginge der Bruder leer aus; Mutter und Vater würden jeweils zur Hälfte Erben werden.

Den Nachlass selbst bestimmen

Ein Testament ist notwendig, wenn die zuvor beschriebene gesetzliche Erbfolge nicht den Wünschen des Erblassers entspricht. Möglich wäre zum Beispiel, dass ein Stiefkind etwas erben soll oder gar eine wohltätige Organisation. Da diese »Wunscherben« jedoch nicht von der gesetzlichen Erbfolge bedacht werden, müssen sie durch ein Testament bestimmt werden. Ein Testament steht über der gesetzlichen Erbfolge. Nur diejenigen werden Erben, die im Testament bedacht werden.

Folglich ist es in Deutschland grundsätzlich möglich, selbst zu bestimmen, wer etwas erben soll oder nicht. Selbst die allernächsten Angehörigen müssen in einem Testament nicht zwingend zu Erben gemacht werden. Allerdings gilt diese Regel nicht in jedem Fall. Da bei einem überlebenden Ehepartner oder bei einem überlebenden Partner einer eingetragenen Lebenspartnerschaft, den Kindern sowie den Eltern eine besonders enge persönliche Verbindung angenommen wird, wird es als ungerecht angesehen, wenn diese Personen in einem Erbfall gar nichts erhalten und letztlich leer ausgehen. Daher haben die genannten Personen (»Pflichtteilsberechtigte«) einen Anspruch gegenüber den testamentarisch bedachten Erben auf einen gewissen Anteil am Erbe (»Pflichtteil«), der die Hälfte des Wertes des gesetzlichen Erbteils ausmacht. Der garantierte Anteil am Erbe, also der Pflichtteilsanspruch, steht den Berechtigten stets in voller Höhe zu. Es wäre also auch nicht möglich, den überlebenden Ehepartner oder bei einem überlebenden Partner einer eingetragenen Lebenspartnerschaft die Kinder sowie – wenn keine Kinder vorhanden sind – die Eltern im Testament zu berücksichtigen, ihnen aber der Höhe nach weniger zukommen zu lassen. Den genannten Personen steht in jedem Fall stets die Hälfte des gesetzlichen Erbteils zu.

Möchte man beispielsweise als Ehepartner oder Kind seinen Pflichtteil geltend machen, muss beachtet werden, dass entsprechende Ansprüche verjähren können. Grundsätzlich muss der Anspruch innerhalb von drei Jahren geltend gemacht werden. Diese drei Jahre beginnen mit dem Zeitpunkt, in dem der Berechtigte von dem Erbfall Kenntnis erlangt.

Wie schreibe ich mein Testament?

Wenn Sie mit der gesetzlichen Erbfolge nicht einverstanden sind und selbst die Verteilung Ihres Hab und Gutes regeln möchten, müssen Sie ein Testament aufsetzen. Dabei müssen bestimmte Aspekte Beachtung finden, damit das Testament im Falle des Todes auch wirksam ist und die Verteilung nach den eigenen Wünschen vorgenommen wird. Wer erben soll, ist Ihnen selbst überlassen. Dies können sowohl Verwandte, Bekannte, Freunde, ein geliebter Mensch oder auch Organisationen sein. Haustiere können in Deutschland allerdings nicht erben, auch wenn dies häufig angenommen wird. Möchte man ein Tier bedenken, kann man zu seinen Gunsten eine testamentarische Verfügung vornehmen, die besagt, dass sich ein Erbe in einer bestimmten Weise um dieses Tier kümmern soll.

Zunächst muss bei der Erstellung eines Testaments eine bestimmte Form beachtet werden; ansonsten ist das Testament ungültig. Wenn Sie das Testament selbst schreiben (»eigenhändiges Testament«), muss der gesamte Text handschriftlich verfasst und mit Vor- und Zunamen unterschrieben werden. Damit sind Testamente, die (auch nur teilweise) mit dem Computer oder der Schreibmaschine geschrieben werden oder auf denen die Unterschrift fehlt, ungültig. In diesem Fall findet die gesetzliche Erbfolge Anwendung, und bestimmte Wunscherben, die nicht in den Kreis der gesetzlichen Erben fallen, werden von der Erbschaft ausgeschlossen.

Zu empfehlen ist, bei jeder Form eines Testaments, sowohl den Ort und das Datum der Aufzeichnung des Testaments aufzunehmen. Sollte nämlich später ein neues

Testament geschrieben werden, geht das neuere Testament dem älteren vor. Fehlt ein Datum, ist für einen Außenstehenden nicht erkennbar, welchen Wunsch der Erblasser zuletzt festgehalten hat.

Möchte man die im Testament einmal festgelegten Wünsche ändern, muss man das Testament widerrufen und/oder ein neues erstellen. Ein Testament kann jederzeit als Ganzes oder auch nur in Teilen oder Anordnungen widerrufen werden. Ein solcher Widerruf kann erfolgen durch ausdrückliche Erklärung, indem man schriftlich verfasst, dass das alte Testament nicht mehr gelten soll, oder auch durch ein neu abgefasstes Testament.

☛ **Beispiel**

Testament

Zu meinem Alleinerben berufe ich meine Cousine Tamara Beck, geboren am 10.03.1965, wohnhaft in der Mühlenbachstraße 5 in 23456 Kummersbach.

Ort, Datum, Unterschrift mit Vor- und Zuname

Für Ehepaare oder Partner einer eingetragenen Lebenspartnerschaft besteht auch die Möglichkeit, ein gemeinschaftliches Testament aufzusetzen. Hier kann nur ein Partner das Testament handschriftlich verfassen, während allerdings beide unterschreiben müssen. Bei dieser Form des Testaments ist eine Änderung jedoch nicht ohne weiteres möglich. Änderungswünsche eines Ehepartners, zum Beispiel die Auswahl eines anderen Erben, von denen anzunehmen ist, dass sie nicht ohne die Einwilligung des anderen getroffen worden sind, können nur zu Lebzeiten des anderen Ehepartners widerrufen bzw. geändert werden. Verstirbt also einer der Ehepartner, kommt es zu einer Bindung des anderen Ehepartners an das bereits existierende Testament.

☛ **Beispiel**

Gemeinschaftliches Testament

Wir, die Eheleute, Anne Müller, geboren am 04.04.1963, und Julius Müller, geboren am 05.06.1960, beide derzeit wohnhaft im Erich-Plate-Weg 74 in 99447 Gravensburg, setzen uns gegenseitig zu alleinigen Vollerben unseres gesamten Vermögens ein.

Für den Fall, dass unsere Ehe vor dem Tod eines von uns aufgelöst wird, sollen die in diesem Testament getroffenen Verfügungen insgesamt unwirksam sein. Der Eheauflösung steht der Antrag auf Ehescheidung gleich. Dabei ist es unerheblich, wer den Antrag auf Ehescheidung beantragt hat.

Ort, Datum, Unterschrift der Ehefrau

Ort, Datum, Unterschrift des Ehemannes

Wo aufbewahren?

Häufig stellt sich die Frage, wo man ein Testament aufbewahren soll. Dafür gibt es aus rechtlicher Sicht keine konkreten Vorgaben. Es kann zu Hause aufbewahrt werden oder bei Verwandten und Freunden. Möglich ist es zudem, das Testament beim Amtsgericht zu hinterlegen. Der Vorteil besteht darin, dass das Amtsgericht in jedem Fall vom Tode des Erblassers erfährt und dann die Erben benachrichtigt. Wenn ein Testament hingegen zu Hause im Schrank liegt und niemand etwas davon weiß, besteht die Gefahr, dass es nicht gefunden wird und dann die gesetzliche Erbfolge gilt.

Möchte man ein Testament nicht eigenhändig schreiben, so kann auch ein öffentliches Testament abgefasst werden. In diesem Fall geht man zum Notar und übermittelt ihm seinen Letzten Willen in handschriftlicher Form oder mündlich. Der Notar unterstützt und berät in allen Fragen der Erstellung eines Testaments und verwahrt es amtlich. Nach dem Tod des Erblassers wird das Testament dann eröffnet. Die Notarkosten richten sich stets nach dem Vermögen, das letztlich vererbt werden soll.

Das Berliner Testament

Katharina und Markus Beck sind verheiratet und haben gemeinsam einen Sohn. Sie möchten in einem Testament regeln, dass zunächst der überlebende Ehegatte das gesamte Vermögen allein erbt. Der Sohn soll erst nach dem Ableben des letzten Ehepartners zum Erben werden. Diesem

Wunsch trägt die Errichtung eines sogenannten Berliner Testaments Rechnung.

Tritt die gesetzliche Erbfolge ein, werden zumeist mehrere Personen Erben, die häufig unterschiedliche Interessen haben, aus denen Konflikte entstehen können. Um diese zu vermeiden, ist es vielen Ehepaaren wichtig, dass der überlebende Partner das gesamte Vermögen erbt und die Kinder erst nach dem Tod des anderen Ehepartners erben. Wenn dieser Wunsch besteht, setzen sich die Ehepartner bei der Errichtung des Berliner Testaments gegenseitig als Alleinerben ein und legen fest, dass die Kinder erst nach dem Tod des letztverstorbenen Ehepartners erben. Die Kinder werden also beim ersten Erbfall praktisch enterbt. Der Vorteil liegt insbesondere in der Tatsache, dass der hinterbliebene Ehepartner beispielsweise in dem gemeinsamen Haus weiterleben kann und sich hinsichtlich des Nachlasses nicht mit den Kindern abstimmen muss und wirtschaftlich bestmöglich versorgt ist. Den Pflichtteil (also die Hälfte des gesetzlichen Erbteils) können Pflichtteilsberechtigte jedoch trotz der Existenz eines Berliner Testaments einfordern.

Fast alle Berliner Testamente enthalten erbrechtliche Zuwendungen, die nur mit der Einwilligung des anderen Ehepartners vorgenommen werden sollten. An diese sogenannten wechselseitigen Verfügungen sind die Ehepartner gebunden; sie können nicht ohne weiteres widerrufen werden. Vielmehr muss ein Widerruf in notarieller Form erfolgen und bedarf der förmlichen Zustellung an den anderen Ehegatten. Verstirbt einer der Ehegatten, ist ein Widerruf ausgeschlossen.

☛ **Beispiel**

Berliner Testament

Wir, die Eheleute Katharina Beck, geboren am 01.01.1970, und Markus Beck, geboren am 09.06.1950, beide derzeit wohnhaft in der Sommerallee 10, in 22334 Hamburg, setzen uns gegenseitig als alleinige Vollerben unseres gesamten Vermögens ein.

Schlusserbe des überlebenden Ehegatten wird unser Sohn Paul Beck, geboren am 16.04.2000, derzeit wohnhaft in der Sommerallee 10, in 22334 Hamburg.

Verlangt unser Sohn nach dem Tod des Erstversterbenden gegen unseren Willen den Pflichtteil, ist er für den zweiten Todesfall von der Erbfolge ausgeschlossen.

Ort, Datum, Unterschrift der Ehefrau

Ort, Datum, Unterschrift des Ehemannes

Der Erbvertrag

Hella Mertz ist 80 Jahre alt und zur Zeit noch bei guter Gesundheit. Sie hat jedoch große Angst, ernsthaft zu erkranken und dann in ein Pflegeheim eingewiesen zu werden. Sie vereinbart deshalb mit ihrer Enkeltochter in einem Erbvertrag, dass diese ihre Pflege übernimmt und die Enkeltochter im Gegenzug das große Einfamilienhaus der Großmutter erben wird.

Dieses Fallbeispiel zeigt, dass anstelle eines Testaments

auch ein Erbvertrag abgeschlossen werden kann. Durch diesen kann – ähnlich wie bei einem Testament – bereits zu Lebzeiten bestimmt werden, wer erben soll. Der entscheidende Unterschied zu einem Testament ist die Tatsache, dass ein Erbvertrag nicht – wie das Testament – allein und ohne die Beteiligung von Dritten errichtet werden kann. Ein Erbvertrag wird mit einem Vertragspartner abgeschlossen, der dann als Erbe bedacht werden soll. In vielen Fällen verpflichtet sich der Vertragspartner zu einer bestimmten Leistung, wie beispielsweise zur Pflege des Erblassers beim Eintritt eines Krankheits- oder Pflegefalls.

Für den Erblasser bringt der Abschluss eines Erbvertrags jedoch gewisse Einschränkungen mit sich, weil er sich weitaus fester als durch die Errichtung eines Testaments bindet. Denn eine einseitige Änderung oder Aufhebung des Erbvertrags ohne die Zustimmung des Vertragspartners ist nur unter ganz bestimmten und sehr engen Voraussetzungen möglich. Hinsichtlich dieser festen Bindungswirkung ist es empfehlenswert, sich vor Abschluss eines Erbvertrags von einem Anwalt rechtlich beraten zu lassen. Unter anderem auch wegen dieser Einschränkungen für den Erblasser ist die Beurkundung eines Erbvertrages beim Notar zwingend vorgeschrieben.

Erbverträge werden häufig abgeschlossen, wenn Inhaber von mittelständischen Unternehmen die Firma auf ihre Kinder übertragen möchten. Will beispielsweise ein Vater, dass der Familienbetrieb auf eines seiner Kinder übergeht, so kann er mit dem betreffenden Kind einen Erbvertrag schließen und das Kind zum Alleinerben einsetzen. Möchte der Vater nach einigen Jahren nun doch den Betrieb einem seiner anderen Kinder überlassen, entsteht ein Problem, denn der Erbvertrag kann nicht wie ein Testament geändert werden. Der Vater ist an den Erbvertrag gebunden. Das zunächst bedachte Kind müsste der Änderung des Erbvertrags zustimmen. Kommt es nicht zur Zustimmung, besteht für den Vater lediglich die Möglichkeit, vom Vertrag zurückzutreten oder diesen anzufechten. Sowohl die Anfechtungs- als auch die Rücktrittserklärung müssten notariell beurkundet werden.

Grundsätzlich ist ein Rücktritt vom Erbvertrag nur möglich, wenn der Erbvertrag ein Rücktrittsrecht vorsieht. Andernfalls kommt nach dem deutschen Erbrecht ein Rücktritt vom Vertrag ausschließlich bei schweren Verfehlungen des Erben in Betracht, wie beispielsweise bei körperlichen Misshandlungen, Verbrechen oder sonstigen schwereren Straftaten. Darüber hinaus ist ein Rücktritt möglich, wenn im Erbvertrag gewisse Leistungen des Erben vereinbart wurden und es später zu einer Aufhebung dieser Verpflichtung kommt. Dies wäre der Fall, wenn sich der Vertragspartner des Erblassers beispielsweise zu Pflegeleistungen verpflichtet hat und diese nun nicht mehr erbringen will. Angefochten werden kann der Erbvertrag lediglich, wenn der Erblasser nach Abschluss des Vertrags heiratet oder ein weiteres Kind bekommt. Diesen Personen würde ein Pflichtteil zustehen. Dieses Hinzutreten eines neuen Pflichtteilsberechtigten berechtigt den Erblasser zum Rücktritt. Ein Erbvertrag kann ebenfalls angefochten werden, wenn der Erblasser beim Vertragsschluss bedroht wurde, beispielsweise mit körperlichen Übergriffen oder sonstigen negativen Folgen, oder der Erblasser sich über die Umstände des Vertragsschlusses grundlegend geirrt hat.

Wann und wie ein Erbe ausschlagen?

Wer etwas erbt, möchte von einer Erbschaft auch profitieren. Das ist allerdings nicht immer der Fall. Häufig ist der Nachlass des Verstorbenen überschuldet und der Erbe muss seine Schulden übernehmen, wenn die gesetzliche Erbfolge eintritt oder ein Testament bzw. ein Erbvertrag vorliegt. Dabei haftet der Erbe nicht nur mit der Erbschaft, sondern auch mit seinem eigenen Vermögen. Deshalb sollte vor der Annahme einer Erbschaft überprüft werden, ob der Nachlass überschuldet ist. In diesem Fall kann eine Erbschaft auch ausgeschlagen werden, und zwar binnen sechs Wochen nachdem der Erbe davon erfahren hat. Er muss das Nachlassgericht darüber informieren, dass er das Erbe nicht annehmen will. Dazu bedarf es einer Niederschrift beim Gericht oder einer, die vom Notar öffentlich beglaubigt wird. Die Ausschlagung und die Annahme der Erbschaft sind bindend.

Brauche ich einen Erbschein?

Hat man beispielsweise ein großes Grundstück oder ein Haus geerbt und will dieses verkaufen, so geht dies nicht ohne den Nachweis, dass man tatsächlich Erbe geworden ist. Für diesen Nachweis des Erbes benötigen die Erben einen Erbschein, der beim Nachlassgericht beantragt werden muss. Man braucht ihn auf jeden Fall, wenn ein Grundstück oder ein Konto des Erblassers auf einen anderen Namen umgeschrieben werden sollen. Der Erbe muss dafür eine Gebühr entrichten, die sich nach dem Wert des

Nachlasses richtet. Welche Unterlagen und Erklärungen bei der Beantragung eines Erbscheins einzureichen sind, kann beim Gericht oder bei einem Notariat erfragt werden.

Viele Erben – viele Unstimmigkeiten

In den meisten Fällen wird das Vermögen eines Erblassers nicht einzig und allein an einen Erben vererbt. Sind viele Miterben vorhanden, handelt es sich bei dem Vermögen des Erblassers um ein gemeinsames Vermögen der Erbengemeinschaft. Dies bedeutet, dass die Miterben nur gemeinsam über die Erbschaft verfügen können. Soll beispielsweise ein geerbtes Haus renoviert oder veräußert werden, können die Erben nur einstimmig eine entsprechende Entscheidung treffen. In diesen Fällen kommt es häufig zu Streitigkeiten, die teilweise darin gipfeln, dass ein geerbtes Haus völlig verfällt, da die Erben sich nicht einigen können.

Ein Ausweg aus der Verpflichtung, alle Entscheidungen einstimmig zu treffen, kann ein Antrag auf Aufhebung der Gemeinschaft, die sogenannte Auseinandersetzung, sein. Dies ist jedoch nur möglich, wenn der Erblasser bei der Errichtung seines Testaments die Teilung des Erbes nicht ausgeschlossen hat. Dies kommt beispielsweise vor, wenn der Erblasser einen Familienbetrieb vererbt und diesen in jedem Fall erhalten möchte.

Bei einer Auseinandersetzung sollte das Erbe zunächst »in Natur« aufgeteilt werden. Damit ist gemeint, dass die Gegenstände aus dem Nachlass verteilt werden. In einigen Fällen ist das jedoch nicht möglich. Wenn der Nachlass nur aus einem Grundstück besteht, kann eine Teilung nur durch eine Veräußerung erfolgen. Am schnellsten kann eine Auseinandersetzung erfolgen, wenn die Erben sich einig sind und sie selbst eine Verteilung vereinbaren und vornehmen. Bei der Veräußerung von Häusern oder Grundstücken sind Formvorschriften zu beachten. Ist eine einvernehmliche Einigung nicht möglich, sollten sich die Miterben an das Nachlassgericht wenden, das dann als »vermittelnde Stelle« tätig werden kann. Kommt dennoch keine Einigung zustande, bleibt als letztes Mittel die Erhebung einer Erbauseinandersetzungsklage. Eine solche ist allerdings sehr kompliziert, sodass man zwingend Rechtsrat bei einem Fachanwalt für Erbrecht einholen sollte.

10.

Wie kann ich den Menschen, die mich lieben, die Trauer leichter machen?

Du warst es wert,
so sehr geliebt zu werden.
Du bist es wert,
dass so viel Traurigkeit
geblieben ist
an Deiner Stelle.

Gitta Deutsch, 1924–1998

Das schwierige Gespräch

In Märchen und Sagen klopft der Tod eines Tages als schauriger Sensenmann unerwartet an die Tür. Auch in unserem Leben ist er als Unfall, Herzinfarkt oder Suizid nicht vorhersehbar. Aber wie in mancher Geschichte gibt er uns häufig einen Wink: Jemand ist zum Beispiel schon lange krank, und an seinen müden Augen lässt sich ablesen, dass sein Leben bald zu Ende geht.

Wie kann ein Lebensende gestaltet werden, ohne dass die Angst der Zurückbleibenden die letzten Augenblicke des Zusammenseins mit dem Sterbenden überschattet?

Einen radikalen Weg wählte der Literaturkritiker Fritz Raddatz, der seinen nächsten Angehörigen die eigene Todesabsicht verschwieg. Sein Tod war »selbstbestimmt und würdevoll, das ist bei aller Traurigkeit, die die Nachricht seines Todes auslöst, schön und beinahe tröstend« – so beschrieb die *Frankfurter Allgemeine Zeitung* Raddatz' assistierten Suizid am 27. Januar 2015: »Er ist in dem Moment von dieser Welt gegangen, den er sich ausgesucht hat.« Auch von anderen Medien wurde der Freitod von Fritz J. Raddatz als bewundernswerte Konsequenz eines Menschen interpretiert, der in der Öffentlichkeit als Dandy und Querkopf galt. Eine ganz andere Emotionalität offenbart Raddatz in seinen Tagebüchern, die von der Sorge um seinen Lebensgefährten geprägt sind:

»Heute abend das letzte Mozart-Konzert. Das letzte Mal dunkler Anzug; das letzte Mal gewisse Medikamente besorgt; muß ich noch Augentropfen kaufen oder reichen sie?; letzte – lästige – Post beantworten; letztes Aufräumen – Briefe, Fotos, Bankunterlagen, Dankbriefe an Ärzte, (wenige) Freunde.

Am schlimmsten das makabre Theater vor Gerd, den ich möglichst wenig spüren lassen, ihm nicht unsere letzten Tage vergällen will, nichts dazu sage, wenn er Vorräte einkauft, die demnächst weggeworfen werden, schweige, wenn er von der bereits für Ostern gebuchten Teneriffa-Reise spricht, ›ich bin nur etwas nachdenklich‹ antworte, wenn er fragt ›du wirkst so bedrückt‹. Ahnt er nichts? Der Verrat an ihm, der nun alleine zurückbleibt, der sein ganzes Leben auf mich ausgerichtet hat, bis hin zu Nebensächlichkeiten wie Fisch holen vom Markt, ein Stück Kuchen für Sonntag, eine Blume zum Wochenende – es ist quälend, grauslich, kaum durchzuhalten. Keine Furcht vor dem Tod – nur Sorge um diesen Menschen, der mich, nimm alles nur in allem, 3 Jahrzehnte getragen hat. Der einzige kleine Trost: Auch ein ›normales‹ biologisches Ende – mag sein, 1–2 Jahre später – ließe ihn vereinsamt zurück. Es ist doch schwer, seinem Leben ein Ende zu setzen.«

Über das eigene Lebensende und alles, was damit zusammenhängt, zu sprechen, erfordert Mut. Oft vermeiden es alle Beteiligten: Angehörige, Ärzte und der Sterbende selbst. Warum? Nur in Märchen lässt sich dem Tod etwas abringen, und selbst dort gelingt dies niemals durch Schweigen. Im Gegenteil: Wenn etwas hilft gegen die bittere Brutalität des Sterbens, dann sind es offene Worte.

Kinder und der Tod

Beim Thema Tod machen viele Kinder ähnliche Erfahrungen, wie sie der österreichische Philosoph Peter Strasser beschreibt:

»›Wie ist es, wenn man tot ist?‹ fragte ich als Kind vor dem Einschlafen meine Großmutter. Sie versuchte, mich zu beruhigen: ›Das ist so, als ob man schläft.‹ Aber ich war nicht beruhigt. Offenbar hatte ich eine philosophische Ader. ›Wie ist es, wenn man schläft und nicht mehr aufwacht?‹ Da musste meine Großmutter nicht lange überlegen. ›Wenn man tot ist, schläft man zuerst ein Weilchen und wacht dann im Himmel wieder auf.‹ Ich kann kaum behaupten, dass mich diese Auskunft beruhigt hätte. Stattdessen konnte ich nicht einschlafen, weil ich mir krampfhaft überlegte, wie ich in der Lage sein sollte, beim Erwachen im Himmel zu wissen, dass ich noch ich bin. Man hatte mir erzählt, im Himmel wäre ich nur Seele, ›körperlos‹. Also versuchte ich mich darauf zu konzentrieren, was von mir übrig bliebe, sobald ich meinen Körper abgestreift hätte. Immerhin, mein Bewusstsein würde mir bleiben. Ich würde mich an das erinnern können, was mir bisher widerfuhr. Ich würde mich an mein Leben auf Erden erinnern und daher auch wissen, wer ich war.«

Erwachsene antworten oft ausweichend, wenn Kinder nach dem Tod fragen. Offenbar haben sie Angst davor, mit jungen Menschen darüber zu sprechen. Vielleicht könnte ein solches Gespräch ihre Beziehung überfordern? Darüber hinaus: Sollten »die Kleinen« nicht möglichst von allem Schlimmen ferngehalten werden? Und dazu gehört nun einmal der Tod …

Dagegen spricht: Kinder machen schon frühzeitig Erfahrungen mit dem Tod, zum Beispiel mit leblosen Insekten oder Vögeln, die sie beim Spielen entdecken. Oder mit geliebten Haustieren, die eines Tages in ihrem Käfig liegen und sich nicht mehr bewegen. Und irgendwann sind Oma und Opa nicht mehr da, spätestens dann dringen Kinder mit ihren Fragen auf Erwachsene ein: »Wo ist der Opa jetzt?«, »Warum müssen alle Menschen einmal sterben?«, »Wieso geht das nicht anders?«.

Der Philosoph Karl Jaspers hat sich mit solchen ernsten Kinderfragen beschäftigt. In seiner *Einführung in die Philosophie* berichtet er davon, dass ein Kind eines Tages die Schöpfungsgeschichte hört: »Am Anfang schuf Gott Himmel und Erde …« Anschließend stellte das Kind die Frage: »Und was war vor dem Anfang? Und was kommt danach?« Diese grundlegenden Fragen von Kindern sind für Jaspers »ein wunderbares Zeichen dafür, dass der Mensch als solcher ursprünglich philosophiert«. Kinder staunen über die Rätsel der Welt und sitzen nicht wie Erwachsene im »Gefängnis der Konventionen«: Sie fragen unbefangen nach und nutzen jeden noch so kleinen Augenblick, um große Fragen über die Welt zu stellen. Tabus gibt es für sie nicht; alles wird radikal hinterfragt. Gott ist genauso ein Thema wie der Tod. Insofern plädiert Jaspers dafür, Fragen von Kindern nach dem Tod ernst zu nehmen und ohne Scham zu beantworten. Der Tod sei eine Grenzsituation des Lebens, die vor Kindern nicht verheimlicht werden könne. Nur eine aktive Auseinandersetzung wappne Kinder für die Unwägbarkeiten des Daseins.

Wer gegenüber Kindern den Tod so behandelt wie andere »normale Dinge« des Lebens auch, sorgt dafür, dass angesichts eines konkreten Todesfalls die kindliche Welt nicht aus den Fugen gerät. Allerdings wird auch unter Eltern, die mit ihren Kindern über den Tod sprechen, darüber gestritten, ob jüngere Kinder an einem Begräbnis teilnehmen sollten oder nicht. Die Antwort auf diese Frage hängt von verschiedenen Umständen ab, etwa dem Alter der Kinder oder davon, wie nahe sie dem Verstorbenen standen. In letzter Instanz müssen Eltern Kraft und Zeit haben, ihre Kinder auf den konkreten Abschied vorzubereiten.

Zunächst sollten Erwachsene Kindern aufmerksam zuhören, wenn sie laut über den Tod nachdenken, um herauszufinden, wie intensiv sie das Problem beschäftigt. So sagte zum Beispiel ein Vierjähriger in einem Gespräch vor dem Begräbnis, dass Opa nicht lange im Sarg liegen werde, sondern bald mit dem Engelstaxi in den Himmel fahre. Ein anderes Mädchen meinte, dass Tote unten in der Erde vergraben würden, weil sie dort in Ruhe schlafen könnten. »Aber der Schlaf in der Erde hört nie auf. Die Toten schlafen für immer.«

Kinder sollten im Voraus auch genau erfahren, was auf einer Trauerfeier passiert: »Wir denken noch einmal ganz lieb an Opa. Wir erzählen, was wir an ihm gemocht haben. Und wir legen ihn dann gemeinsam mit dem Pfarrer in Gottes Hände. Vorher aber begleiten wir ihn noch zu seinem Grab, wo er sich ausruhen wird. Wir können auch immer zu ihm hingehen, wenn wir an ihn denken wollen. Und als Zeichen, dass wir ihn lieb haben, schenken wir ihm Blumen.«

Der Tote als Vorbild

In dem Märchen *Das Totenhemdchen* der Gebrüder Grimm weint eine Mutter um ihr verstorbenes Kind. Sie weint so sehr, dass sich das Kind eines Nachts in einem weißen Totenhemdchen auf ihr Bett setzt und die Mutter bittet, mit dem Weinen aufzuhören. Das Kind beklagt sich, dass sein Hemdchen von den vielen Tränen ganz nass geworden ist und es deshalb in seinem Sarg keine Ruhe finden kann. Die Mutter erschreckt und verspricht daraufhin, mit dem Weinen aufzuhören.

Dieses Märchen erinnert daran, wie schwer es uns fällt, einen geliebten Menschen loszulassen. Der griechische Philosoph Demokrit schrieb, dass sich der Körper des Toten ins Nichts begäbe, der Schmerz für die Zurückgelassenen aber lebendig bliebe. Durch ihn würden sie ganz plötzlich aus ihrem Gleichgewicht geworfen.

Viele Trauernde werden von heute auf morgen mit einer ungewohnten Leere in ihrem Leben konfrontiert. Die Brille liegt noch da, wo sie immer lag, das Bett allerdings bleibt leer. Es ist niemand mehr da, der nachts schnarcht und morgens »Guten Morgen« sagt. Alles wirkt irgendwie anders, denn das gemeinsame Lachen und die Gespräche fallen weg. Hinterbliebene fühlen sich oft wie in einer fremden Welt, in der nichts mehr so ist, wie es früher einmal war. Denn Zweisamkeit und Gemeinschaft haben sich fest in ihrem Bewusstsein und in ihren Alltagsroutinen verankert. Nun müssen sie aus einem Zustand des Ungleichgewichts wieder herauskommen und einen individuellen Weg der Trauerverarbeitung gehen.

Trauern heißt zunächst, dass man in ein neues Leben finden muss. Die ersten Schritte auf diesem Weg bestehen darin, den Schmerz des Verlustes zuzulassen. Dafür findet jeder Mensch sein ureigenes Ventil: Weinen, Schreien, Fluchen, Singen. Alles ist erlaubt, solange es guttut. Trauern bedeutet, keine Rücksicht darauf zu nehmen, was andere meinen. Der Schmerz muss raus. Nicht umsonst sagt der Volksmund »Tränen heilen«.

Das rabiate Auftreten des Kindes im Märchen *Das Totenhemdchen* zeigt auch, wie Tote in den Trauerprozess hineinwirken. Ihre Haltung kann Vorbildcharakter für die Hinterbliebenen haben. Denn darin gleichen sich Sterben und Trauer: Es ist wichtig, das Unabwendbare zuzulassen und gleichzeitig aktiv zu gestalten. So schildert Platon in seinem Dialog *Phaidon* den zu Tode verurteilten Sokrates als vorbildlichen Sterbenden, der in gelöster Stimmung im Kreise seiner Freunde aus dem Schierlingsbecher trank. Danach erklärt Platon, dass die Seele den Körper verlässt und ins Reich der Ideen aufsteigt. Der Körper als leibliche Hülle der Seele sei vergänglich, die Seele selbst nicht.

Mit dieser Auffassung wollte Platon die Freunde von Sokrates trösten und das Fortbestehen des individuellen menschlichen Geistes würdigen: Seid nicht traurig, denn eure Seele kehrt irgendwann zurück, nur nicht in euren Körper. So machte er Sokrates' Schülern Mut, indem er zum Ausdruck bracht, dass die Verbindung zu ihrem verstorbenen Lehrer nicht für immer abgeschnitten ist. Der Tod ist nur ein Moment, da der Geist des Sokrates weiterhin präsent bleibt. Bis heute.

Die Lebensskizze

Auf die Frage »Schwelgen Sie manchmal in Nostalgie?« antwortete die 88-jährige Juliette Gréco, die ihre großen Weggefährten alle überlebt hat, darunter Sartre, Camus, Gainsbourg und viele andere: »Nein. Das Verschwinden all dieser Menschen spielt für mich keine Rolle. Sie leben in mir. Das Einzige, was mich bekümmert, ist, dass ich nicht mit ihnen sprechen und sie nicht hören kann. Das ist sehr hart. Aber ich trage sie in mir, ich spreche mit ihnen. Leider antworten sie mir nicht. Das ist er eben, der Tod.«

Erinnerung ist eine Möglichkeit, Trauer aktiv zu leben. Sie kann zum Beispiel damit beginnen, dem Verstorbenen einen Brief zu schreiben und sich dadurch noch einmal schönen Erlebnissen im gemeinsamen Leben zu nähern. Auch in umgekehrte Richtung können posthume Brücken geschlagen werden. So findet der fünfzehnjährige Georg in Jostein Gaarders Roman *Das Orangenmädchen* eines Tages auf dem Dachboden einen versteckten Brief. Er stammt von seinem früh verstorbenen Vater, der ihm in diesem Brief sein Leben erzählt. So kehrt der Vater zurück in Georgs Leben, das durch die Worte des Toten reicher und bewusster wird.

Wenn Sie Gespräche über das Lebensende scheuen, können Sie Ihre Gedanken in einer Art Tagebuch oder Lebensskizze festhalten, auch als virtuelle Familiengeschichte mit Fotos, Urlaubserlebnissen und Anekdoten. Darin können Stationen des gemeinsamen Lebens festgehalten werden, zum Beispiel Lieblingsplätze und Hobbys.

Wann und wie haben wir uns kennengelernt? Worüber haben wir damals gemeinsam nachgedacht? Worüber haben wir gelacht? Welche Menschen spielten in unserer Beziehung eine wichtige Rolle? Was haben wir gemeinsam gemeistert? Welche Höhepunkte gab es auf dem gemeinsamen Lebensweg? Welche Krisen wurden zusammen durchgestanden? Welche Orte waren unvergesslich? Wofür schwärmten wir gemeinsam? Was waren die lustigsten, traurigsten oder kuriosesten Augenblicke?

So können Hinterbliebene jederzeit Zwiesprache mit dem Verstorbenen halten, ihn in die eigenen Gedanken und Gefühle einbeziehen. Denn die Rückschau auf das Zusammensein ist ein Teil der eigenen Identität. Es gab ein gemeinsames Leben, von dem nun ein Teil weggebrochen ist. In einer Zwiesprache kann der Verstorbene zum Beispiel mit der Formel »Weißt du noch?« angesprochen werden. Auch besondere Gesten des Toten, sein Gesichtsausdruck in bestimmten Situationen oder Lieblingswitze können mit einbezogen werden. Seine besondere Körpersprache, seine Stimmlage in brenzligen oder schönen Situationen, worüber er gelacht oder geschimpft hat – all das lässt sich in einem inneren Dialog vergegenwärtigen.

Eine Lebensskizze regt die Erinnerung an und ermöglicht in Situationen von Melancholie, daran weiterzuarbeiten und positive Gedanken zu entwickeln. Sie hilft auch, die eigenen Gefühle mit anderen Menschen zu teilen und mit Nachbarn, Freunden oder Kollegen ins Gespräch zu kommen.

Manche Menschen feiern einmal im Jahr einen Erinnerungstag, an dem sie gemeinsam mit Freunden essen und dabei über den Toten sprechen. So bleibt der Verstorbene im Geist lebendig. Er sitzt quasi mit am Tisch und wird durch Anekdoten zurück in die Gemeinschaft geholt. In Mexiko wird jedes Jahr am 1. November ein solcher gemeinschaftlicher Erinnerungstag gefeiert, der sogenannte »Tag der Toten«, der ein wichtiges Familienfest ist. Bunte Teppiche vor den Gräbern zeigen den heimkehrenden Toten den Weg zum Altar, der mit Blumen, aber auch mit

Speisen und Getränken geschmückt ist. Schließlich haben die Toten einen langen Weg zurückgelegt und müssen sich nun stärken. Die Menschen feiern mit ihnen bis Mitternacht, erzählen sich dabei Erinnerungsgeschichten; danach kehren die Toten auf den Friedhof zurück.

Die spanische Theologin und Philosophin Teresa von Ávila war sich sicher, dass die Spuren jeder verstorbenen Seele im Universum erhalten bleiben – die Menschen dürfen allerdings nie aufhören, sie entdecken zu wollen. In Mexiko findet jedes Jahr eine solche Spurensuche statt, mit bunten Girlanden und Totenköpfen aus Zuckerguss.

Altes Leben geht, neues Leben kommt

Trauer ist eine Zeit der Neuorientierung, der Loslösung aus einem gewohnten Leben. Als mein Vater in den Armen meiner Mutter nach langer Krankheit starb, versagte ihr eines Morgens plötzlich die Stimme. Sie sackte zusammen, Erschöpfung und Resignation machten sie stumm. Ihr wurde an diesem Morgen bewusst, dass sie den Kampf gegen die Krankheit meines Vaters zusammen mit ihm verloren hatte. Endgültig. Sie schien plötzlich zu begreifen, dass der Tod alle ihre gemeinsamen Pläne und Hoffnungen zunichtegemacht hatte. Sie, die in der Familie immer stark gewesen war, bekam auf einmal ihr Leben nicht mehr so recht in den Griff und wollte nur noch dorthin, wo ihr Mann jetzt war. Ihr Lebensfaden schien abgerissen zu sein, und am Ende des Tunnels war auf einmal kein Licht mehr. Sie zog sich zurück und war der festen Überzeugung, dass nur die Einsamkeit ihre seelischen Wunden heilen könne.

So wie meiner Mutter ergeht es vielen Trauernden, die von ihrem Schmerz regelrecht »niedergedrückt« werden. Für die Angehörigen ist es in dieser Zeit wichtig, das Alleinsein-Wollen der Trauernden zu akzeptieren und gleichzeitig zu zeigen, dass man immer da ist, wenn ein Gespräch gewünscht wird. Denn die emotionale Anteilnahme nach einem schmerzhaften Verlust ist für Trauernde sehr wichtig. Sie möchten getröstet werden, und zwar im Hier und Jetzt. Ich habe damals, wenn meine Mutter mit mir sprechen wollte, meistens nur zugehört, ohne ihren Schmerz »wegreden« zu wollen. Manchmal hat sie einfach nur geweint, manchmal vom gemeinsamen Leben mit meinem Vater erzählt, das im Krieg begann. Jemand, der als Flüchtling den Bombenhagel von Dresden überlebt hat, stirbt Jahrzehnte später an einer Krankheit – das wollte sie einfach nicht wahrhaben. Ich habe gar nicht erst versucht, ihr rational zu erklären, dass beide Ereignisse nichts miteinander zu tun haben. Meine Mutter wollte einfach nur in ihrem Schmerz ernst genommen werden; sie wollte weinen, alleine, manchmal auch gemeinsam mit mir, und sich ganz und gar nicht »zusammenreißen«, wie sie das sonst ihr Leben lang getan hatte.

Die Suche nach Trost ist so alt wie die Menschheit, sie beginnt nicht erst mit den Religionen. Als einziges Lebewesen ist der Mensch in der Lage, seinen Schmerz mit anderen zu teilen, indem er einen Teil davon an andere »weitergibt«.

Als ich einige Wochen nach dem Tod meines Vaters mein erstes Kind bekam, hörte meine Mutter von heute auf morgen auf, sich in ihren Schmerz zu vergraben. Plötzlich war sie wieder die »Alte« und kümmerte sich rührend um ihre Enkelin mit den Worten »Altes Leben geht, neues Leben kommt«. Sie hatte eine neue Aufgabe gefunden, die wieder ihren vollen Einsatz forderte. Auf diese Weise gelang es ihr, traurige Momente mit schönen zu verbinden. In jeder Trauer gibt es Oasen der Glückseligkeit.

Hoffnungsbilder

Auch wenn wir es nicht gleich erkennen oder erkennen wollen: Der Tod lauert von Anfang an in unserem Dasein. »Er hält sich nicht wie ein Dieb hinter dem Vorhang verborgen«, meint der französische Philosoph Vladimir Jankélévitch. Denn jeden Tag lassen wir ein Stück unseres bisherigen Lebens hinter uns: Die Vergangenheit wird größer und die Zukunft kleiner. In diesem Sinne macht ein Neugeborenes mit dem ersten Herzschlag den ersten Schritt ins Leben und zugleich die erste Bewegung in Richtung Tod. Sein Leben hat einen gesetzten Anfang und ein vorhersehbares Ende, das halb offenbleibt, da der Todeszeitpunkt ungewiss ist.

Ist unser Leben also, mit Martin Heidegger gesprochen, ein »Sein zum Tode hin«? Finden wir Sinn in unserem Leben nur, wenn wir den Tod mit bedenken, anstatt ihn als lästigen Schatten zu betrachten, der über unserem Alltag liegt? Oder lässt sich genauso gut leben, ohne allzu viel an den Tod zu denken?

Jankélévitch beschrieb das Verhältnis des Menschen zum Tod als »Angst der Ängste«, als in der Tiefe unserer Seele vergrabenes Geheimnis, das keiner zu Lebzeiten zu lösen vermag. Niemand könne sich der Todesangst entziehen, jeder von uns wolle das Geheimnis um den Tod lüften, der eine mehr, der andere weniger. Und doch graut uns allen davor, dass wir irgendwann an die Grenze unseres Daseins stoßen und unsere eigene Endlichkeit akzeptieren müssen.

Auch entgegen unserem Willen ist der Tod unbewusst immer vorhanden und beunruhigt uns von Zeit zu Zeit, besonders dann, wenn wir plötzlich ein körperliches Unbehagen wie zum Beispiel Herzstiche spüren. Was für uns dabei tröstlich sein könnte, ist die Tatsache, dass er ein universelles Unglück darstellt. Da selbst das kaum tröstet, entwirft der Mensch Ernst Bloch zufolge »Hoffnungsbilder gegen den Tod«, um der Umfassbarkeit des Todes zu entkommen.

Kinder malen sich ganz einfache Hoffnungsbilder im Angesicht des Todes, indem sie ihre Fantasie spielen lassen. Als der schwerkranke Krümel seinem Bruder Jonathan in Astrid Lindgrens *Die Brüder Löwenherz* unter Tränen erzählt, dass er bald sterben muss, vertröstet ihn sein Bruder auf Nangijala hinter den Sternen. Im Grab werde nur seine Schale liegen, während er nach Nangijala fliegen würde, in ein buntes Land mit vielen Ideen und Abenteuern, in dem er wieder gesund werden wird.

Manchen erschließt sich der Sinn des Todes auch darin, in einen ewigen Kreislauf der Natur eingebunden zu sein. Der griechische Philosoph Heraklit sah im Werden und Vergehen die natürlichen Grundprinzipien der Materie, in die auch der Mensch eingebunden ist. Als Teil der Natur unterliegt er ebenso Wachstum und Verfall und kann nach seinem Ableben als tote Materie in den Naturkreislauf von Werden und Vergehen zurückkehren, zum Beispiel durch eine Organspende, die anderen Menschen das Weiterleben ermöglicht. Damit würde das Zu-Ende-Sein eines bestimmten Menschen einen neuen Sinn erhalten.

Kap. 8

Wer seine Existenz ohne Religion mit Spuren der Ewigkeit verbinden möchte, kann sich auch als Teil des Universums verstehen. In den USA wählen einige Menschen den Weltraum als letzte Ruhestätte, denn er ist unbegrenzt und unendlich, was auch die eigene Existenz transzendiert. In der Regel sind es zahlungskräftige Exzentriker, die sich für ein Weltraumbegräbnis entscheiden, nichtsdestotrotz steckt dahinter die Auffassung, dass die Welt aus Sternenstaub entstanden sein könnte und dass wir Menschen als tote Materie wieder zu Sternenstaub werden. Bereits im 6. Jahrhundert v. Chr. fanden die ersten griechischen Naturphilosophen um Thales von Milet heraus, dass der Mensch einen Teil von Kosmos und Erde bildet und dorthin auch zurückkehren wird: Bisher ist es vorwiegend die Erde, in die man die Toten legt, aber der Kosmos als Verkörperung der Unendlichkeit geht über unseren unmittelbaren Erfahrungshorizont hinaus. Er würde unserem Streben nach Ewigkeit, nach Fortdauer in unbegrenzter Zeit und unbegrenztem Raum innerhalb der Materie in gebührendem Maße Rechnung tragen.

Der afrikanische Dichter Birago Diop aus dem Senegal hat für die verschiedenen Hoffnungsbilder der Unsterblichkeit eindrückliche Worte gefunden:

Die Toten sind niemals fortgegangen.
Sie sind im Schatten, der sich erhellt,
und im Schatten, der sich verdunkelt.
Die Toten sind nicht unter der Erde.

Sie sind im zitternden Baum.
Sie sind im rauschenden Wald.
Sie sind im fließenden Wasser.
Sie sind im stehenden Wasser.

Sie sind in der Hütte,
sie sind in der Menge.
Die Toten sind nicht tot.
Höre im Wind den schluchzenden Busch:

Er ist der Atem der toten Ahnen,
die nicht fortgegangen sind.
Die nicht unter der Erde sind.
Die nicht tot sind.

Anhang 1

Entscheidungshilfen kompakt

1.1 Muster Vorsorgevollmacht

Bundesministerium der Justiz und für Verbraucherschutz
www.bmjv.de/DE/Service/Formulare/_node.html

Ich, (Vollmachtgeber/-in: Name, Vorname/Geburtsdatum/Geburtsort/Adresse/Telefon, E-Mail),

erteile hiermit Vollmacht an

(bevollmächtigte Person: Name, Vorname/Geburtsdatum/Geburtsort/Adresse/Telefon, E-Mail)

Diese Vertrauensperson wird hiermit bevollmächtigt, mich in allen Angelegenheiten zu vertreten, die ich im Folgenden angekreuzt oder angegeben habe. Durch diese Vollmachtserteilung soll eine vom Gericht angeordnete Betreuung vermieden werden. Die Vollmacht bleibt daher in Kraft, wenn ich nach ihrer Errichtung geschäftsunfähig geworden sein sollte.

Die Vollmacht ist nur wirksam, solange die bevollmächtigte Person die Vollmachtsurkunde besitzt und bei Vornahme eines Rechtsgeschäfts die Urkunde im Original vorlegen kann.

1. Gesundheitssorge/Pflegebedürftigkeit

Sie darf in allen Angelegenheiten der Gesundheitssorge entscheiden, ebenso über alle Einzelheiten einer ambulanten oder (teil-)stationären Pflege. Sie ist befugt, meinen in einer Patientenverfügung festgelegten Willen durchzusetzen. (☐ Ja/☐ Nein)

Sie darf insbesondere in sämtliche Maßnahmen zur Untersuchung des Gesundheitszustandes und zur Durchführung einer Heilbehandlung einwilligen, diese ablehnen oder die Einwilligung in diese Maßnahmen widerrufen, auch wenn mit der Vornahme, dem Unterlassen oder dem Abbruch dieser Maßnahmen die Gefahr besteht, dass ich sterbe oder einen schweren oder länger dauernden gesundheitlichen Schaden erleide (§ 1904 Absatz 1 und 2 BGB). (☐ Ja/☐ Nein)

Sie darf Krankenunterlagen einsehen und deren Herausgabe an Dritte bewilligen. Ich entbinde alle mich behandelnden Ärzte und nichtärztliches Personal gegenüber meiner bevollmächtigten Vertrauensperson von der Schweigepflicht. (☐ Ja/☐ Nein)

Sie darf über meine Unterbringung mit freiheitsentziehender Wirkung (§ 1906 Absatz 1 BGB), über ärztliche Zwangsmaßnahmen im Rahmen der Unterbringung (§ 1906 Absatz 3 BGB) und über freiheitsentziehende Maßnahmen (z. B. Bettgitter, Medikamente u. Ä.) in einem Heim oder in einer sonstigen Einrichtung (§ 1906 Absatz 4 BGB) entscheiden, solange dergleichen zu meinem Wohle erforderlich ist. (☐ Ja/☐ Nein)

(Evtl. weitere Regelungen)

2. Aufenthalt und Wohnungsangelegenheiten

Sie darf meinen Aufenthalt bestimmen, Rechte und Pflichten aus dem Mietvertrag über meine Wohnung einschließlich einer Kündigung wahrnehmen sowie meinen Haushalt auflösen. (☐ Ja/☐ Nein)

Sie darf einen neuen Wohnungsmietvertrag abschließen und kündigen. (☐ Ja/☐ Nein)

Sie darf einen Vertrag nach dem Wohn- und Betreuungsvertragsgesetz (Vertrag über die Überlassung von Wohnraum mit

Pflege- oder Betreuungsleistungen; ehemals Heimvertrag) abschließen und kündigen. (☐ Ja/☐ Nein)

(Evtl. weitere Regelungen)

3. Behörden

Sie darf mich bei Behörden, Versicherungen, Renten- und Sozialleistungsträgern vertreten. (☐ Ja/☐ Nein)

(Evtl. weitere Regelungen)

4. Vermögensvorsorge

Sie darf mein Vermögen verwalten und hierbei alle Rechtshandlungen und Rechtsgeschäfte im In- und Ausland vornehmen, Erklärungen aller Art abgeben und entgegennehmen sowie Anträge stellen, abändern, zurücknehmen, namentlich (☐ Ja/☐ Nein)

über Vermögensgegenstände jeder Art verfügen (bitte beachten Sie hierzu auch den nachfolgenden Hinweis 1) (☐ Ja/☐ Nein)

Zahlungen und Wertgegenstände annehmen (☐ Ja/☐ Nein)

Verbindlichkeiten eingehen (bitte beachten Sie hierzu auch den nachfolgenden Hinweis 1) (☐ Ja/☐ Nein)

Willenserklärungen bezüglich meiner Konten, Depots und Safes abgeben. Sie darf mich im Geschäftsverkehr mit Kreditinstituten vertreten (bitte beachten Sie hierzu den nachfolgenden Hinweis 2) (☐ Ja/☐ Nein)

Schenkungen in dem Rahmen vornehmen, der einem Betreuer rechtlich gestattet ist. (☐ Ja/☐ Nein)

(Evtl. weitere Regelungen)

Folgende Geschäfte soll sie nicht wahrnehmen können: ...

☛ **Hinweis**

1 Denken Sie an die erforderliche Form der Vollmacht bei Immobiliengeschäften, für Handelsgewerbe oder die Aufnahme eines Verbraucherdarlehens.

2 Für die Vermögensvorsorge in Bankangelegenheiten sollten Sie auf die von Ihrer Bank/Sparkasse angebotene Konto-/Depotvollmacht zurückgreifen. Diese Vollmacht berechtigt den Bevollmächtigten zur Vornahme aller Geschäfte, die mit der Konto- und Depotführung in unmittelbarem Zusammenhang stehen. Es werden ihm keine Befugnisse eingeräumt, die für den normalen Geschäftsverkehr unnötig sind, wie z. B. der Abschluss von Finanztermingeschäften. Die Konto-/Depotvollmacht sollten Sie grundsätzlich in Ihrer Bank oder Sparkasse unterzeichnen; etwaige spätere Zweifel an der Wirksamkeit der Vollmachtserteilung können hierdurch ausgeräumt werden. Können Sie Ihre Bank/Sparkasse nicht aufsuchen, wird sich im Gespräch mit Ihrer Bank/Sparkasse sicher eine Lösung finden.

5. Post und Fernmeldeverkehr

Sie darf die für mich bestimmte Post entgegennehmen und öffnen sowie über den Fernmeldeverkehr entscheiden. Sie darf alle hiermit zusammenhängenden Willenserklärungen (z. B. Vertragsabschlüsse, Kündigungen) abgeben. (☐ Ja/☐ Nein)

6. Vertretung vor Gericht

Sie darf mich gegenüber Gerichten vertreten sowie Prozesshandlungen aller Art vornehmen. (☐ Ja/☐ Nein)

7. Untervollmacht

Sie darf Untervollmacht erteilen. (☐ Ja/☐ Nein)

8. Betreuungsverfügung

Falls trotz dieser Vollmacht eine gesetzliche Vertretung (»rechtliche Betreuung«) erforderlich sein sollte, bitte ich, die oben bezeichnete Person als Betreuer zu bestellen. (☐ Ja/☐ Nein)

9. Geltung über den Tod hinaus

Die Vollmacht gilt über den Tod hinaus. (☐ Ja/☐ Nein)

10. Weitere Regelungen ...

(Ort, Datum/Unterschrift der Vollmachtnehmerin/des Vollmachtnehmers)

(Ort, Datum/Unterschrift des Vollmachtgeberin/des Vollmachtgebers)

1.2 Muster Betreuungsverfügung

🏛 Bundesministerium der Justiz und für Verbraucherschutz
⭳ www.bmjv.de/DE/Service/Formulare/_node.html

Ich, (Name/Anschrift/Telefon/E-Mail),

lege hiermit für den Fall, dass ich infolge Krankheit oder Behinderung meine Angelegenheiten ganz oder teilweise nicht mehr selbst besorgen kann und deshalb ein Betreuer für mich bestellt werden muss, Folgendes fest:

Zu meinem Betreuer/meiner Betreuerin soll bestellt werden:

(Name/Anschrift/Telefon/E-Mail)

Falls die vorstehende Person nicht zum Betreuer oder zur Betreuerin bestellt werden kann, soll folgende Person bestellt werden:

(Name/Anschrift/Telefon/E-Mail)

Auf keinen Fall soll zum Betreuer/zur Betreuerin bestellt werden:

(Name/Anschrift/Telefon/E-Mail)

Zur Wahrnehmung meiner Angelegenheiten durch den Betreuer/die Betreuerin habe ich folgende Wünsche:

(Ort, Datum/Unterschrift)

1.3 Textbausteine für eine schriftliche Patientenverfügung

🏛 Bundesministerium der Justiz und für Verbraucherschutz
⬇ www.bmjv.de/DE/Service/Formulare/_node.html

Eingangsformel

Ich … (Name, Vorname, geboren am, wohnhaft in) bestimme hiermit für den Fall, dass ich meinen Willen nicht mehr bilden oder verständlich äußern kann … .

Exemplarische Situationen, für die die Verfügung gelten soll

Wenn

- ☐ ich mich aller Wahrscheinlichkeit nach unabwendbar im unmittelbaren Sterbeprozess befinde.
- ☐ ich mich im Endstadium einer unheilbaren, tödlich verlaufenden Krankheit befinde, selbst wenn der Todeszeitpunkt noch nicht absehbar ist.
- ☐ infolge einer Gehirnschädigung meine Fähigkeit, Einsichten zu gewinnen, Entscheidungen zu treffen und mit anderen Menschen in Kontakt zu treten, nach Einschätzung zweier erfahrener Ärztinnen oder Ärzte (können namentlich benannt werden) aller Wahrscheinlichkeit nach unwiederbringlich erloschen ist, selbst wenn der Todeszeitpunkt noch nicht absehbar ist. Dies gilt für direkte Gehirnschädigung z. B. durch Unfall, Schlaganfall oder Entzündung ebenso wie für indirekte Gehirnschädigung z. B. nach Wiederbelebung, Schock oder Lungenversagen. Es ist mir be-

wusst, dass in solchen Situationen die Fähigkeit zu Empfindungen erhalten sein kann und dass ein Aufwachen aus diesem Zustand nicht ganz sicher auszuschließen, aber unwahrscheinlich ist.

- ☐ ich infolge eines weit fortgeschrittenen Hirnabbauprozesses (z. B. bei Demenzerkrankung) auch mit ausdauernder Hilfestellung nicht mehr in der Lage bin, Nahrung und Flüssigkeit auf natürliche Weise zu mir zu nehmen.
- ☐ Eigene Beschreibung der Anwendungssituation: (Anmerkung: Es sollten nur Situationen beschrieben werden, die mit einer Einwilligungsunfähigkeit einhergehen können.)

Festlegungen zu Einleitung, Umfang oder Beendigung bestimmter ärztlicher Maßnahmen

Lebenserhaltende Maßnahmen

In den oben beschriebenen Situationen wünsche ich,

- ☐ dass alles medizinisch Mögliche und Sinnvolle getan wird, um mich am Leben zu erhalten.

oder

- ☐ dass alle lebenserhaltenden Maßnahmen unterlassen werden. Hunger und Durst sollen auf natürliche Weise gestillt werden, gegebenenfalls mit Hilfe bei der Nahrungs- und Flüssigkeitsaufnahme. Ich wünsche fachgerechte Pflege von Mund und Schleimhäuten sowie menschenwürdige Unterbringung, Zuwendung, Körperpflege und das Lindern von Schmerzen, Atemnot, Übelkeit, Angst, Unruhe und anderer belastender Symptome.

Schmerz- und Symptombehandlung

In den oben beschriebenen Situationen wünsche ich eine fachgerechte Schmerz- und Symptombehandlung,

- ☐ aber keine bewusstseinsdämpfenden Mittel zur Schmerz- und Symptombehandlung.

oder

- ☐ wenn alle sonstigen medizinischen Möglichkeiten zur Schmerz- und Symptomkontrolle versagen, auch bewusstseinsdämpfende Mittel zur Beschwerdelinderung.

- ☐ die unwahrscheinliche Möglichkeit einer ungewollten Verkürzung meiner Lebenszeit durch schmerz- und symptomlindernde Maßnahmen nehme ich in Kauf.

Künstliche Ernährung und Flüssigkeitszufuhr

In den oben beschriebenen Situationen wünsche ich,

- ☐ dass eine künstliche Ernährung und Flüssigkeitszufuhr begonnen oder weitergeführt wird, wenn damit mein Leben verlängert werden kann.

oder

- ☐ dass eine künstliche Ernährung und/oder eine künstliche Flüssigkeitszufuhr nur bei palliativmedizinischer Indikation zur Beschwerdelinderung erfolgen.

oder

- ☐ dass keine künstliche Ernährung unabhängig von der Form der künstlichen Zuführung der Nahrung (z. B. Magensonde durch Mund, Nase oder Bauchdecke, venöse Zugänge) und keine künstliche Flüssigkeitszufuhr erfolgen.

Wiederbelebung

In den oben beschriebenen Situationen wünsche ich

☐ Versuche der Wiederbelebung.

oder

☐ die Unterlassung von Versuchen der Wiederbelebung.

☐ dass eine Notärztin oder ein Notarzt nicht verständigt wird bzw. im Fall einer Hinzuziehung unverzüglich über meine Ablehnung von Wiederbelebungsmaßnahmen informiert wird.

Nicht nur in den oben beschriebenen Situationen, sondern in allen Fällen eines Kreislaufstillstands oder Atemversagens

☐ lehne ich Wiederbelebungsmaßnahmen ab.

oder

☐ lehne ich Wiederbelebungsmaßnahmen ab, sofern diese Situationen nicht im Rahmen ärztlicher Maßnahmen (z. B. Operationen) unerwartet eintreten.

Künstliche Beatmung

In den oben beschriebenen Situationen wünsche ich

☐ eine künstliche Beatmung, falls dies mein Leben verlängern kann.

oder

☐ dass keine künstliche Beatmung durchgeführt bzw. eine schon eingeleitete Beatmung eingestellt wird, unter der Voraussetzung, dass ich Medikamente zur Linderung der Luftnot erhalte. Die Möglichkeit einer Bewusstseinsdämpfung oder einer ungewollten Verkürzung meiner Lebenszeit durch diese Medikamente nehme ich in Kauf.

Dialyse

In den oben beschriebenen Situationen wünsche ich

☐ eine künstliche Blutwäsche (Dialyse), falls dies mein Leben verlängern kann.

oder

☐ dass keine Dialyse durchgeführt bzw. eine schon eingeleitete Dialyse eingestellt wird.

Antibiotika

In den oben beschriebenen Situationen wünsche ich

☐ Antibiotika, falls dies mein Leben verlängern kann.

oder

☐ Antibiotika nur bei palliativmedizinischer Indikation zur Beschwerdelinderung.

oder

☐ keine Antibiotika.

Blut/Blutbestandteile

In den oben beschriebenen Situationen wünsche ich

☐ die Gabe von Blut oder Blutbestandteilen, falls dies mein Leben verlängern kann.

oder

☐ die Gabe von Blut oder Blutbestandteilen nur bei palliativmedizinischer Indikation zur Beschwerdelinderung.

oder

☐ keine Gabe von Blut oder Blutbestandteilen.

Ort der Behandlung, Beistand

Ich möchte

☐ zum Sterben ins Krankenhaus verlegt werden.

oder

☐ wenn möglich zu Hause bzw. in vertrauter Umgebung sterben.

oder

☐ wenn möglich in einem Hospiz sterben.

Ich möchte

☐ Beistand durch folgende Personen: …

☐ Beistand durch eine Vertreterin oder einen Vertreter folgender Kirche oder Weltanschauungsgemeinschaft: …

☐ hospizlichen Beistand.

Entbindung von der ärztlichen Schweigepflicht

Ich entbinde die mich behandelnden Ärztinnen und Ärzte von der Schweigepflicht gegenüber folgenden Personen: …

(Name/Anschrift/Telefon/E-Mail)

Aussagen zur Verbindlichkeit, zur Auslegung und Durchsetzung und zum Widerruf der Patientenverfügung

Der in meiner Patientenverfügung geäußerte Wille zu bestimmten ärztlichen und pflegerischen Maßnahmen soll von den behandelnden Ärztinnen und Ärzten und dem Behandlungsteam befolgt werden. Mein(e) Vertreter(in) – z. B. Bevollmächtigte(r)/Betreuer(in) – soll dafür Sorge tragen, dass mein Patientenwille durchgesetzt wird.

Sollte eine Ärztin oder ein Arzt oder das Behandlungsteam nicht bereit sein, meinen in dieser Patientenverfügung geäußerten Willen zu befolgen, erwarte ich, dass für eine anderweitige medizinische und/oder pflegerische Behandlung gesorgt wird. Von meiner Vertreterin/meinem Vertreter (z. B. Bevollmächtigte(r)/Betreuer(in)) erwarte ich, dass sie/er die weitere Behandlung so organisiert, dass meinem Willen entsprochen wird.

In Lebens- und Behandlungssituationen, die in dieser Patientenverfügung nicht konkret geregelt sind, ist mein mutmaßlicher Wille möglichst im Konsens aller Beteiligten zu ermitteln. Dafür soll diese Patientenverfügung als Richtschnur maßgeblich sein. Bei unterschiedlichen Meinungen über anzuwendende oder zu unterlassende ärztliche/pflegerische

Maßnahmen soll der Auffassung folgender Person besondere Bedeutung zukommen: **(Alternativen)**

☐ meiner/meinem Bevollmächtigten.

☐ meiner Betreuerin/meinem Betreuer.

☐ der behandelnden Ärztin oder dem behandelnden Arzt.

☐ anderer Person: ...

Wenn ich meine Patientenverfügung nicht widerrufen habe, wünsche ich nicht, dass mir in der konkreten Anwendungssituation eine Änderung meines Willens unterstellt wird. Wenn aber die behandelnden Ärztinnen und Ärzte/das Behandlungsteam/mein(e) Bevollmächtigte(r)/Betreuer(in) aufgrund meiner Gesten, Blicke oder anderen Äußerungen die Auffassung vertreten, dass ich entgegen den Festlegungen in meiner Patientenverfügung doch behandelt oder nicht behandelt werden möchte, dann ist möglichst im Konsens aller Beteiligten zu ermitteln, ob die Festlegungen in meiner Patientenverfügung noch meinem aktuellen Willen entsprechen. Bei unterschiedlichen Meinungen soll in diesen Fällen der Auffassung folgender Person besondere Bedeutung zukommen: **(Alternativen)**

☐ meiner/meinem Bevollmächtigten.

☐ meiner Betreuerin/meinem Betreuer.

☐ der behandelnden Ärztin oder dem behandelnden Arzt.

☐ anderer Person: ...

Hinweise auf weitere Vorsorgeverfügungen

Ich habe zusätzlich zur Patientenverfügung eine Vorsorgevollmacht für Gesundheitsangelegenheiten erteilt und den Inhalt dieser Patientenverfügung mit der von mir bevollmächtigten Person besprochen: Bevollmächtigte(r) (Name/ Anschrift/Telefon/E-Mail).

Ich habe eine Betreuungsverfügung zur Auswahl der Betreuerin oder des Betreuers erstellt (ggf.: und den Inhalt dieser Patientenverfügung mit der/dem von mir gewünschten Betreuerin/Betreuer besprochen). Gewünschte(r) Betreuerin/Betreuer (Name/Anschrift/Telefon/E-Mail).

Hinweis auf beigefügte Erläuterungen zur Patientenverfügung

Als Interpretationshilfe zu meiner Patientenverfügung habe ich beigelegt:

☐ Darstellung meiner allgemeinen Wertvorstellungen.

☐ Sonstige Unterlagen, die ich für wichtig erachte: …

Organspende

Ich stimme einer Entnahme meiner Organe nach meinem Tod zu Transplantationszwecken zu (ggf.: Ich habe einen Organspendeausweis ausgefüllt). Komme ich nach ärztlicher Beurteilung bei einem sich abzeichnenden Hirntod als Organspender in Betracht und müssen dafür ärztliche Maßnahmen durchgeführt werden, die ich in meiner Patientenverfügung ausgeschlossen habe, dann

- [ ] geht die von mir erklärte Bereitschaft zur Organspende vor.

- [ ] gehen die Bestimmungen in meiner Patientenverfügung vor.

oder

- [ ] Ich lehne eine Entnahme meiner Organe nach meinem Tod zu Transplantationszwecken ab.

Schlussformel

Soweit ich bestimmte Behandlungen wünsche oder ablehne, verzichte ich ausdrücklich auf eine (weitere) ärztliche Aufklärung.

Schlussbemerkungen

Mir ist die Möglichkeit der Änderung und des Widerrufs einer Patientenverfügung bekannt.

Ich bin mir des Inhalts und der Konsequenzen meiner darin getroffenen Entscheidungen bewusst.

Ich habe die Patientenverfügung in eigener Verantwortung und ohne äußeren Druck erstellt.

Ich bin im Vollbesitz meiner geistigen Kräfte.

Information/Beratung

Ich habe mich vor der Erstellung dieser Patientenverfügung informiert bei/durch … und beraten lassen durch …

Ärztliche Aufklärung/Bestätigung der Einwilligungsfähigkeit

Herr/ Frau ... wurde von mir am ... bezüglich der Folgen dieser Patientenverfügung aufgeklärt. Er/Sie war in vollem Umfang einwilligungsfähig.

(Datum/Unterschrift und Stempel der Ärztin/des Arztes)

Die Einwilligungsfähigkeit kann auch durch eine Notarin oder einen Notar bestätigt werden.

Aktualisierung

☐ Diese Patientenverfügung gilt so lange, bis ich sie widerrufe.

oder

☐ Diese Patientenverfügung soll nach Ablauf von (Zeitangabe) ihre Gültigkeit verlieren, es sei denn, dass ich sie durch meine Unterschrift erneut bekräftige.

Um meinen in der Patientenverfügung niedergelegten Willen zu bekräftigen, bestätige ich diesen nachstehend

☐ in vollem Umfang.

☐ mit folgenden Änderungen: ...

(Datum/Unterschrift)

1.4 Checkliste für notwendige Dokumente

www.digitaler.nachlass.com (Formulare zur Löschung von Internetdaten)

- ☐ Personalausweis
- ☐ Geburtsurkunde
- ☐ Familienstammbuch
- ☐ Rentenbescheinigung
- ☐ Chipkarte der Krankenkasse
- ☐ Versicherungspolicen
- ☐ Versicherungsnummern
- ☐ Kontovollmachten

1.5 Hospiz- und Palliativdienste

Arztsuche

- www.krebsinformationsdienst.de/wegweiser/adressen
- www.palliativ-portal.de/start
- www.dgpalliativmedizin.de/

Übersichtsinformation der Stiftung Warentest

- www.test.de/Hospizdienste-Geborgenheit-bis-zuletzt-1234807-1234976/

Ärzte mit der Zusatzbezeichnung Palliativmedizin

- www.dgpalliativmedizin.de/allgemein/adressen.html

Palliativ- und Hospizarbeit in Deutschland

- www.wegweiser-hospiz-palliativmedizin.de/
- www.wohnen-im-alter.de/hospiz.html

Palliativ- und Hospizarbeit in Österreich

- www.hospiz.at
- www.palliativbetreuung.at/cms/beitrag/10089962/2781404/?qu

Palliativ- und Hospizarbeit in der Schweiz

- www.palliative.ch/de/home/
- www.citymed.ch/Hospiz-Palliativ-Care/2-2-197.html

SAPV-Teams im Internet

Geben Sie in Ihre bevorzugte Suchmaschine den Begriff »Spezialisierte ambulante Palliativversorgung« sowie den Namen Ihres Wohnortes ein.

1.6 Pflegeheime

- pflegeheim.weisse-liste.de/
- www.wohnen-im-alter.de/pflegeheim.html
- www.heimverzeichnis.de
- www.aok-pflegeheimnavigator.de/

Heimsuche

- www.wohnen-im-alter.de/
- www.aok-pflegeheimnavigator.de/
- www.heimverzeichnis.de

Kriterienkatalog

- www.casa-reha.de/wie-finde-ich-ein-heim-in-dem-ich-mich-wohlfuehle/
- www.casa-reha.de/wie-finde-ich-ein-gutes-heim/

Checkliste Pflegeheim

- www.aok.de/bundesweit/gesundheit/stationaere-pflege-ein-gutes-heim-finden-184641.php

Hilfe beim »Testen« von Pflegeheimen

- www.casa-reha.de/wie-finde-ich-ein-heim-in-dem-ich-mich-wohlfuehle/
- www.casa-reha.de/wie-finde-ich-ein-gutes-heim/
- www.aok.de/bundesweit/gesundheit/stationaere-pflege-ein-gutes-heim-finden-184641.php

Beratung zu Fragen der Pflege

- psp.zqp.de/search.php

Pflegestützpunkte

- psp.zqp.de/search.php

1.7 Bestattung

Bestattungsformen

- **Anonyme:** keine Einzelgräber; den Ort des Begräbnisses kennt nur die Friedhofsverwaltung
- **Halbanonyme Bestattung:** Angehörige kennen den Ort; Gedenksteine mit Namensangaben sind möglich
- **Erdbestattung:** Begräbnis in der Erde
- **Feuerbestattung:** Urnenbeisetzung, traditionell im Erdgrab oder Kolumbarium (Urnenhaus auf dem Friedhof)
- **Ruhewälder:** Urnenbeisetzung im Wurzelbereich eines Baums auf dafür vorgesehenen Flächen, auch in Österreich und der Schweiz möglich
- **Seebestattung:** die Urne wird in einer Bestattungszeremonie dem Meer übergeben (in Österreich und der Schweiz meist dem Bodensee)
- **Almbestattung:** in Österreich und der Schweiz können Urnen auch auf Wiesen- und Almplätzen beigesetzt werden
- **Felsbestattung:** in der Schweiz kann die Asche von Verstorbenen auch unter einer Grasnarbe an einem Fels verstreut werden; einen individuellen Gedenkstein gibt es nicht

Bestattungsverfügung

Die Bestattungsverfügung bingt den letzten Willen eines Menschen hinsichtlich seines Begräbnisses zum Ausdruck. Sie kann auch in Österreich und der Schweiz verfasst werden.

- ☛ auf ein Blatt die Überschrift »Bestattungsverfügung« oder »Meine Wünsche für die Bestattung« schreiben
- ☛ Name, Anschrift und Geburtsdatum angeben
- ☛ mit einer Eingangsformel kurz skizzieren, welche Wünsche die Verfügung enthalten wird, zum Beispiel Traueranzeige, Trauerfeier und Begräbnis
- ☛ die gewünschte Bestattungsart angeben
- ☛ am Schluss den Erstellungsort und das Datum und eigenhändig unterschreiben
- ☛ hinzufügen, ob eine Bestattungsvollmacht (ein bereits geschlossener Vertrag mit einem Bestattungsunternehmen) oder eine Sterbegeldversicherung vorhanden sind

Bestattungsvorsorgevertrag

Ein Bestattungsvorsorgevertrag regelt mit einem Bestattungunternehmen zu Lebzeiten die Form der Bestattung sowie Umfang und Höhe der Kosten; auch in Österreich und der Schweiz möglich.

Bestatter, Trauerredner, Grabpflege

- 🌐 www.bestatter.de (Bundesverband Deutscher Bestatter e. V.)
- 🌐 www.bestatter.at (Bundesverband der österreichischen Bestatter)
- 🌐 www.bestatter.ch (Verband der Bestattungsdienste der Schweiz)
- 🌐 www.grabpflege.de (Bund deutscher Friedhofsgärtner)
- 🌐 www.grabpflege.at (Friedhofsgärtnergenossenschaft Österreichs für Dauerpflege)

- www.proluminate.ch (Grabpflegestiftung von Jardin Suisse)
- www.batf.de (Bundesarbeitsgemeinschaft Trauerfeier/Zusammenschluss von Trauerredner/-innen) Die Bestellung von Trauerrednern kann in Österreich und der Schweiz über die Bestattungsinstitute geregelt werden.

1.8 Muster Erklärung zur Organspende

Bundeszentrale für gesundheitliche Aufklärung
www.bzga.de/themenschwerpunkte/organ-gewebespende/

(Name, Vorname/Geburtsdatum/Straße/PLZ, Wohnort)

Für den Fall, dass nach meinem Tod eine Spende von Organen/Geweben zur Transplantation in Frage kommt, erkläre ich:

- ☐ JA, ich gestatte, dass nach der ärztlichen Feststellung meines Todes meinem Körper Organe und Gewebe entnommen werden.

oder

- ☐ JA, ich gestatte dies, mit Ausnahme folgender Organe/Gewebe: …

oder

- ☐ JA, ich gestatte dies, jedoch nur für folgende Organe/Gewebe: …

oder

- ☐ NEIN, ich widerspreche einer Entnahme von Organen oder Gewebe.

oder

☐ Über JA oder NEIN soll folgende Person entscheiden: (Name, Vorname/Telefon/Straße/PLZ, Wohnort)

Besondere Hinweise: …

(Datum, Unterschrift)

Weitere Informationen

- www.nierenratgeber.de/startseite/index.html
- www.transplantation-verstehen.de
- www.transplantation-information.de
- www.organspende-info.de (Informationen der Bundeszentrale für gesundheitliche Aufklärung (BZgA) zur Organspende)
- www.dso.de (Deutsche Stiftung Organtransplantation, bundesweite Koordinierungsstelle für Organspende)
- www.eurotransplant.de (Euroransplant Internationale Stiftung zur Vermittlung von Organen)
- www.stiftung-lebendspende.de (Informationen zur Lebendspende)
- www.bzga.de/organspendeausweise
- www.dso.de/spenderfamilien
- www.gesetze-im-internet.de/gg/index.html (Gesetzestext im Grundgesetz)
- www.gesetze-im-internet.de/tpg/(Gesetzestext Transplantationsgesetz)
- Übersicht über die unterschiedlichen Regelungen innerhalb der EU
- www.organspende-info.de/sites/all/files/files/Gesetzliche%20Regelungen%20in%20 Europa.pdf
- (u. a. Richtlinien zur Feststellung des Hirntods)

1.9 Suizidprävention

- 🌐 www.frnd.de (Verein zur Suizidprävention bei Jugendlichen »Freunde fürs Leben«)
- 🌐 www.dghs.de (Deutsche Gesellschaft für humanes Sterben e. V.)
- 🌐 www.suizidprophylaxe.de (Deutsche Gesellschaft für Suizidprävention)
- 🌐 www.agus-selbsthilfe.de (bundesweite Organisation für Trauernde, die einen nahestehenden Menschen durch Suizid verloren haben)

1.10 Suizidassistenz

Suizidassistenz umfasst den medizinisch begleiteten Suizid durch einen Arzt bei unheilbaren Krankheiten; er ist in Deutschland und Österreich bisher nicht erlaubt; in der Schweiz aus »nicht selbstsüchtigen Gründen« möglich.

- 🌐 www.dignitas.ch
- 🌐 www.exit.ch

1.11 Behördengänge

- ☛ **Arzt:** Totenschein ausstellen
- ☛ **Standesamt:** Sterbeurkunde beantragen
- ☛ **Amtsgericht:** Erbschein beantragen
- ☛ **Arbeitgeber:** informieren

- **Finanzamt:** abmelden
- **Kündigen:** Bankkonten, Krankenversicherung, Rentenversicherung und weitere private Versicherungen, Mietvertrag, Mitgliedschaft in Verbänden, Vereinen, Verlagen (Abonnements), Telefon (Festnetz, mobil), GEZ

1.12 Trauerbegleitung

- www. familientrauerbegleitung.de
- www.verwitwet.de (Verein für verwitwete Mütter und Väter)
- www.trauernetz.de (Trauerhilfe der Evangelischen Kirche Deutschlands)
- www.trauerbegleiter.at (Bundesarbeitsgemeinschaft Trauerbegleitung Österreich)
- www.beobachter.ch (Trauerbegleitung und rechtliche Beratung in der Schweiz)

Anhang 2

Gesetzestexte kompakt

2.1 Palliativmedizinische Versorgung im Krankenhaus

Sozialgesetzbuch Fünftes Buch (SGB V)

§ 39 SGB V Krankenhausbehandlung

(1) Die Krankenhausbehandlung wird vollstationär, teilstationär, vor- und nachstationär (§ 115a) sowie ambulant (§ 115b) erbracht. Versicherte haben Anspruch auf vollstationäre Behandlung in einem zugelassenen Krankenhaus (§ 108), wenn die Aufnahme nach Prüfung durch das Krankenhaus erforderlich ist, weil das Behandlungsziel nicht durch teilstationäre, vor- und nachstationäre oder ambulante Behandlung einschließlich häuslicher Krankenpflege erreicht werden kann. Die Krankenhausbehandlung umfaßt im Rahmen des Versorgungsauftrags des Krankenhauses alle Leistungen, die im Einzelfall nach Art und Schwere der Krankheit für die medizinische Versorgung der Versicherten im Krankenhaus notwendig sind (…); die akutstationäre Behandlung umfasst auch die im Einzelfall erforderlichen und zum frühestmöglichen Zeitpunkt einsetzenden Leistungen zur Frührehabilitation. Die Krankenhausbehandlung umfasst auch ein Entlassmanagement zur Lösung von Problemen beim Übergang in die Versorgung nach der Krankenhausbehandlung. (…)

☛ **Voraussetzung:** Eine Krankenhauseinweisung durch den Hausarzt oder den betreuenden Onkologen (Facharzt für Krebserkrankungen).

2.2 Ambulante und stationäre Hospizleistungen

Sozialgesetzbuch Fünftes Buch (SGB V)

§ 39a Stationäre und ambulante Hospizleistungen

(1) Versicherte, die keiner Krankenhausbehandlung bedürfen, haben im Rahmen der Verträge nach Satz 4 Anspruch auf einen Zuschuß zu stationärer oder teilstationärer Versorgung in Hospizen, in denen palliativ-medizinische Behandlung erbracht wird, wenn eine ambulante Versorgung im Haushalt oder der Familie des Versicherten nicht erbracht werden kann. Die Krankenkasse trägt die zuschussfähigen Kosten nach Satz 1 unter Anrechnung der Leistungen nach dem Elften Buch zu 90 vom Hundert, bei Kinderhospizen zu 95 vom Hundert. (…) Der Spitzenverband Bund der Krankenkassen vereinbart mit den für die Wahrnehmung der Interessen der stationären Hospize maßgeblichen Spitzenorganisationen das Nähere über Art und Umfang der Versorgung nach Satz 1. Dabei ist den besonderen Belangen der Versorgung in Kinderhospizen ausreichend Rechnung zu tragen. (…)
(2) Die Krankenkasse hat ambulante Hospizdienste zu fördern, die für Versicherte, die keiner Krankenhausbehandlung und keiner stationären oder teilstationären Versorgung in einem Hospiz bedürfen, qualifizierte ehrenamtliche Sterbebegleitung in deren Haushalt, in der Familie, in stationären Pflegeeinrichtungen, in Einrichtungen der Eingliederungshilfe für behinderte Menschen oder der Kinder- und Jugendhilfe erbringen. Voraussetzung der Förderung ist außerdem, dass der ambulante Hospizdienst

1. mit palliativ-medizinisch erfahrenen Pflegediensten und Ärzten zusammenarbeitet sowie
2. unter der fachlichen Verantwortung einer Krankenschwester, eines Krankenpflegers oder einer anderen fachlich qualifizierten Person steht, die über mehrjährige Erfahrung in der palliativ-medizinischen Pflege oder über eine entsprechende Weiterbildung verfügt und eine Weiterbildung als verantwortliche Pflegefachkraft oder in Leitungsfunktionen nachweisen kann.

Der ambulante Hospizdienst erbringt palliativ-pflegerische Beratung durch entsprechend ausgebildete Fachkräfte und stellt die Gewinnung, Schulung, Koordination und Unterstützung der ehrenamtlich tätigen Personen, die für die Sterbebegleitung zur Verfügung stehen, sicher. Die Förderung nach Satz 1 erfolgt durch einen angemessenen Zuschuss zu den notwendigen Personalkosten. Der Zuschuss bezieht sich auf Leistungseinheiten, die sich aus dem Verhältnis der Zahl der qualifizierten Ehrenamtlichen zu der Zahl der Sterbebegleitungen bestimmen. Die Ausgaben der Krankenkassen für die Förderung nach Satz 1 betragen je Leistungseinheit 11 vom Hundert der monatlichen Bezugsgröße nach § 18 Absatz 1 des Vierten Buches, sie dürfen die zuschussfähigen Personalkosten des Hospizdienstes nicht überschreiten. Der Spitzenverband Bund der Krankenkassen vereinbart mit den für die Wahrnehmung der Interessen der ambulanten Hospizdienste maßgeblichen Spitzenorganisationen das Nähere zu den Voraussetzungen der Förderung sowie zu Inhalt, Qualität und Umfang der ambulanten Hospizarbeit. Dabei ist den besonderen Belangen der Versorgung von Kindern durch ambulante Hospizdienste ausreichend Rechnung zu tragen.

☛ **Voraussetzung:** Ein Antrag auf Kostenübernahme mit Begründung der stationären Hospizpflegebedürftigkeit. Dieser wird an die Krankenkasse gestellt und vom Medizinischen Dienst der Krankenversicherung (MDK) überprüft. Kontakt zum Hospiz, um zu klären, ob ein Platz frei ist. Das Hospiz hilft auch bei allen Formalitäten.

2.3 Spezialisierte ambulante Palliativversorgung

Sozialgesetzbuch Fünftes Buch (SGB V)

§ 37b Spezialisierte ambulante Palliativversorgung

(1) Versicherte mit einer nicht heilbaren, fortschreitenden und weit fortgeschrittenen Erkrankung bei einer zugleich begrenzten Lebenserwartung, die eine besonders aufwändige Versorgung benötigen, haben Anspruch auf spezialisierte ambulante Palliativversorgung. Die Leistung ist von einem Vertragsarzt oder Krankenhausarzt zu verordnen. Die spezialisierte ambulante Palliativversorgung umfasst ärztliche und pflegerische Leistungen einschließlich ihrer Koordination insbesondere zur Schmerztherapie und Symptomkontrolle und zielt darauf ab, die Betreuung der Versicherten nach Satz 1 in der vertrauten Umgebung des häuslichen oder familiären Bereichs zu ermöglichen; hierzu zählen beispielsweise Einrichtungen der Eingliederungshilfe für behinderte Menschen und der Kinder- und Jugendhilfe. Versicherte in stationären Hospizen haben einen Anspruch auf die Teilleistung der erforderlichen ärztlichen Versorgung im Rahmen der speziali-

sierten ambulanten Palliativversorgung. Dies gilt nur, wenn und soweit nicht andere Leistungsträger zur Leistung verpflichtet sind. Dabei sind die besonderen Belange von Kindern zu berücksichtigen.

2.4 Spezialisierte ambulante Palliativversorgung in stationären Pflegeeinrichtungen (Pflegeheim)

Sozialgesetzbuch Fünftes Buch (SGB V)

§ 37b Spezialisierte ambulante Palliativversorgung

(2) Versicherte in stationären Pflegeeinrichtungen im Sinne von § 72 Abs. 1 des Elften Buches haben (…) einen Anspruch auf spezialisierte Palliativversorgung. Die Verträge nach § 132d Abs. 1 regeln, ob die Leistung nach Absatz 1 durch Vertragspartner der Krankenkassen in der Pflegeeinrichtung oder durch Personal der Pflegeeinrichtung erbracht wird (…).

☛ **Voraussetzung:** Eine Verordnung spezialisierter ambulanter Palliativversorgung (SAPV) durch den Hausarzt oder den betreuenden Onkologen (Facharzt für Krebserkrankungen) oder den zuständigen Arzt des entlassenden Krankenhauses. Gilt bei Krankenhausbescheinigung für zunächst 7 Tage, bei haus- oder fachärztlicher Bescheinigung für zunächst 30 Tage, dann ist eine Folgeverordnung erforderlich. Die Palliativteams unterstützen auch bei allen Formalitäten.

2.5 Pflegebedürftigkeit

Sozialgesetzbuch Elftes Buch (SGB 11)

§ 1 Soziale Pflegeversicherung

(1) Zur sozialen Absicherung des Risikos der Pflegebedürftigkeit wird als neuer eigenständiger Zweig der Sozialversicherung eine soziale Pflegeversicherung geschaffen.
(2) In den Schutz der sozialen Pflegeversicherung sind kraft Gesetzes alle einbezogen, die in der gesetzlichen Krankenversicherung versichert sind. Wer gegen Krankheit bei einem privaten Krankenversicherungsunternehmen versichert ist, muß eine private Pflegeversicherung abschließen.
(3) Träger der sozialen Pflegeversicherung sind die Pflegekassen; ihre Aufgaben werden von den Krankenkassen (§ 4 des Fünften Buches) wahrgenommen.
(4) Die Pflegeversicherung hat die Aufgabe, Pflegebedürftigen Hilfe zu leisten, die wegen der Schwere der Pflegebedürftigkeit auf solidarische Unterstützung angewiesen sind.
(4a) In der Pflegeversicherung sollen geschlechtsspezifische Unterschiede bezüglich der Pflegebedürftigkeit von Männern und Frauen und ihrer Bedarfe an Leistungen berücksichtigt und den Bedürfnissen nach einer kultursensiblen Pflege nach Möglichkeit Rechnung getragen werden.
(5) Die Leistungen der Pflegeversicherung werden in Stufen eingeführt: die Leistungen bei häuslicher Pflege vom 1. April 1995, die Leistungen bei stationärer Pflege vom 1. Juli 1996 an.

(1) Pflegebedürftig im Sinne dieses Buches sind Personen, die wegen einer körperlichen, geistigen oder seelischen Krankheit oder Behinderung für die gewöhnlichen und regelmäßig wiederkehrenden Verrichtungen im Ablauf des täglichen Lebens auf Dauer, voraussichtlich für mindestens sechs Monate, in erheblichem oder höherem Maße (§ 15) der Hilfe bedürfen.

(2) Krankheiten oder Behinderungen im Sinne des Absatzes 1 sind:

1. Verluste, Lähmungen oder andere Funktionsstörungen am Stütz- und Bewegungsapparat,
2. Funktionsstörungen der inneren Organe oder der Sinnesorgane,
3. Störungen des Zentralnervensystems wie Antriebs-, Gedächtnis- oder Orientierungsstörungen sowie endogene Psychosen, Neurosen oder geistige Behinderungen.

(3) Die Hilfe im Sinne des Absatzes 1 besteht in der Unterstützung, in der teilweisen oder vollständigen Übernahme der Verrichtungen im Ablauf des täglichen Lebens oder in Beaufsichtigung oder Anleitung mit dem Ziel der eigenständigen Übernahme dieser Verrichtungen.

(4) Gewöhnliche und regelmäßig wiederkehrende Verrichtungen im Sinne des Absatzes 1 sind:

1. im Bereich der Körperpflege das Waschen, Duschen, Baden, die Zahnpflege, das Kämmen, Rasieren, die Darm- oder Blasenentleerung,
2. im Bereich der Ernährung das mundgerechte Zubereiten oder die Aufnahme der Nahrung,
3. im Bereich der Mobilität das selbständige Aufstehen und

Zu-Bett-Gehen, An- und Auskleiden, Gehen, Stehen, Treppensteigen oder das Verlassen und Wiederaufsuchen der Wohnung,
4. im Bereich der hauswirtschaftlichen Versorgung das Einkaufen, Kochen, Reinigen der Wohnung, Spülen, Wechseln und Waschen der Wäsche und Kleidung oder das Beheizen.

§ 15 Stufen der Pflegebedürftigkeit

(1) Für die Gewährung von Leistungen nach diesem Gesetz sind pflegebedürftige Personen (§ 14) einer der folgenden drei Pflegestufen zuzuordnen:
1. Pflegebedürftige der Pflegestufe I (erheblich Pflegebedürftige) sind Personen, die bei der Körperpflege, der Ernährung oder der Mobilität für wenigstens zwei Verrichtungen aus einem oder mehreren Bereichen mindestens einmal täglich der Hilfe bedürfen und zusätzlich mehrfach in der Woche Hilfen bei der hauswirtschaftlichen Versorgung benötigen.
2. Pflegebedürftige der Pflegestufe II (Schwerpflegebedürftige) sind Personen, die bei der Körperpflege, der Ernährung oder der Mobilität mindestens dreimal täglich zu verschiedenen Tageszeiten der Hilfe bedürfen und zusätzlich mehrfach in der Woche Hilfen bei der hauswirtschaftlichen Versorgung benötigen.
3. Pflegebedürftige der Pflegestufe III (Schwerstpflegebedürftige) sind Personen, die bei der Körperpflege, der Ernährung oder der Mobilität täglich rund um die Uhr, auch nachts, der Hilfe bedürfen und zusätzlich mehrfach in der Woche Hilfen bei der hauswirtschaftlichen Versorgung benötigen.

Für die Gewährung von Leistungen nach § 43a reicht die Feststellung, daß die Voraussetzungen der Pflegestufe I erfüllt sind.

(2) Bei Kindern ist für die Zuordnung der zusätzliche Hilfebedarf gegenüber einem gesunden gleichaltrigen Kind maßgebend.

(3) Der Zeitaufwand, den ein Familienangehöriger oder eine andere nicht als Pflegekraft ausgebildete Pflegeperson für die erforderlichen Leistungen der Grundpflege und hauswirtschaftlichen Versorgung benötigt, muß wöchentlich im Tagesdurchschnitt

1. in der Pflegestufe I mindestens 90 Minuten betragen; hierbei müssen auf die Grundpflege mehr als 45 Minuten entfallen,
2. in der Pflegestufe II mindestens drei Stunden betragen; hierbei müssen auf die Grundpflege mindestens zwei Stunden entfallen,
3. in der Pflegestufe III mindestens fünf Stunden betragen; hierbei müssen auf die Grundpflege mindestens vier Stunden entfallen.

Bei der Feststellung des Zeitaufwandes ist ein Zeitaufwand für erforderliche verrichtungsbezogene krankheitsspezifische Pflegemaßnahmen zu berücksichtigen; dies gilt auch dann, wenn der Hilfebedarf zu Leistungen nach dem Fünften Buch führt. Verrichtungsbezogene krankheitsspezifische Pflegemaßnahmen sind Maßnahmen der Behandlungspflege, bei denen der behandlungspflegerische Hilfebedarf untrennbarer Bestandteil einer Verrichtung nach § 14 Abs. 4 ist oder mit einer solchen Verrichtung notwendig in einem unmittelbaren zeitlichen und sachlichen Zusammenhang steht.

§ 42 SGB XI Kurzzeitpflege

(1) Kann die häusliche Pflege zeitweise nicht, noch nicht oder nicht im erforderlichen Umfang erbracht werden und reicht auch teilstationäre Pflege nicht aus, besteht Anspruch auf Pflege in einer vollstationären Einrichtung. Dies gilt:

1. für eine Übergangszeit im Anschluß an eine stationäre Behandlung des Pflegebedürftigen oder
2. in sonstigen Krisensituationen, in denen vorübergehend häusliche oder teilstationäre Pflege nicht möglich oder nicht ausreichend ist.

☛ **Voraussetzung:** Ein formloser Antrag, auch telefonisch, bei Ihrer Pflegekasse (auch privat). Dieser kann auch durch einen Bevollmächtigten gestellt werden. Träger der Pflegekasse ist die jeweilige Krankenkasse.
Die Pflegekasse sendet dann entsprechende Formulare zu. Grundlage der Einstufung zur Gewährung von Leistungen ist dann ein Gutachten des Medizinischen Dienstes der Krankenversicherung (MDK) im Wohnumfeld.
In der Schweiz gibt es diese Form der Absicherung von Pflegebedürftigkeit nicht, hier übernehmen Unfallversicherung, Krankenversicherung oder Invaliditätsversicherung je nach individueller Bedürfniskonstellation die Pflegekosten.
In Österreich gibt es den Anspruch auf ein siebenstufiges Pflegegeld nach dem Bundespflegegesetz, weitere Informationen unter www.geldjournal.at/pflegeversicherung-oesterreich/

Quellennachweis und Literaturempfehlungen

1. Kann ich festlegen, wie ich sterben will?

Federico Garcia Lorca: Despedida/Abschied, in: ders.: *Poemas/Gedichte*, hg. u. üb. v. Gustav Siebermann. Stuttgart: Reclam 2007, S. 123

Zum Weiterlesen

Broschüre des Bundesjustizministeriums zur Betreuung: www.bmjv.de/SharedDocs/Downloads/DE/Broschueren/DE/Das_Betreuungsrecht.pdf;jsessionid=C7C03B31A879688A61FDFE729894.1_cid297?__blob=publi-cationFile

Broschüre des Bundesjustizministeriums zur Patientenverfügung: www.bmjv.de/SharedDocs/Downloads/DE/Broschueren/DE/Patientenverfuegung.pdf?__blob=publicationFile

2. Dürfen Ärzte mein Leben verlängern?

Jean-Dominique Bauby: *Schmetterling und Taucherglocke*. Wien: Paul Zsolnay 1997, S. 19

Simone de Beauvoir: *Ein sanfter Tod*. Reinbek: Rowohlt 2008, S. 30

Hans Küng: *Glücklich sterben?* München: Piper 2014, S. 158

Olaf Westphal: »›Ich lebe gerne …‹ Stellungnahmen von Betroffenen zur sog. ›Sterbehilfe‹ und zur Problematik von Patientenverfügungen«, in: *Metamorphose*, Bd. 3, Jg. 2005, Publikation von LIS Locked-In-Syndrom e. V.

3. Darf ich meinem Leben ein Ende setzen?

Jean Améry: *Hand an sich legen. Diskurs über den Freitod*. Stuttgart: Klett-Cotta 2008

Svenja Flaßpöhler: *Mein Tod gehört mir. Über selbstbestimmtes Sterben*. München: Pantheon 2013

Roger Willemsen (Hg.): *Der Selbstmord. Briefe, Manifeste, Literarische Texte*. Frankfurt am Main: S. Fischer

Montesquieu, zitiert nach der Homepage »Freunde fürs Leben« (21.11. 2014)

Thomas Morus: *Utopia*. Stuttgart: Reclam 2014 (bes. S. 76, S. 98/99, S. 106)

Zum Weiterlesen

Margot Käßmann: *Das Zeitliche segnen. Voller Hoffnung leben. In Frieden sterben*. Asslar: Adeo 2014

Hans Wehrli/Bernhard Suttner/Peter Kaufmann (Hg.): *Der organisierte Tod. Sterbehilfe und Selbstbestimmung am Lebensende*. Zürich: Orell Füssli 2012

Roger Willemsen: *Die Enden der Welt*. Frankfurt am Main: S. Fischer 2011

4. Wer hilft mir beim Sterben?

Söhnke Callsen: Tötung auf Verlangen – Mehrheit der Deutschen befürwortet aktive Sterbehilfe,
www.zeit.de/politik/deutschland/2014-01/Sterbehilfe-YouGov-Umfrage

Claudia Hauser: Sterbehilfe-Prozess. Das Versprechen, www.spiegel.de/panorama/gesellschaft/toetung-auf-verlangen-keine-strafe-fuer-sohn-a-1020993.html

Fritz J. Raddatz: Mein Tod gehört mir!, Welt online, www.welt.de/debatte/kommentare/article106152001/Mein-Tod-gehoert-nicht-dem-Staat-sondern-mir.html

Katharina Schuler: Wer beim Sterben helfen darf, Zeit online, www.zeit.de/politik/deutschland/2014-11/sterbehilfe-positionen-ueberblick

Till Schwarze/Frida Thurm: Wie frei ist der letzte Wille?, Zeit online, www.zeit.de/gesellschaft/zeitgeschehen/2015-03/sterbehilfe-debatte-freier-wille

5. Wo will ich sterben?

Bayerisches Staatsministerium für Umwelt und Gesundheit (Pressestelle): »Gesundheit adhoc« (Meldung vom 06.12.2011), www.gesundheit-adhoc.de/bundesweit-erste-studie-belegt-wirksamkeit-der-spezialisiert.html

Bundespressekonferenz: »DGP und DHPV fordern adäquate Hospiz- und Palliativversorgung für hochbetagte schwerstkranke und sterbende Menschen in Pflegeeinrichtungen« (28.08.12)

Deutscher Hospiz- und PalliativVerband: Ergebnisse einer repräsentativen Bevölkerungsbefragung zum Thema »Sterben in Deutschland – Wissen und Einstellungen zum Sterben«, Forschungsgruppe Wahlen, August 2012

Gian Domenico Borasio: *Über das Sterben. Was wir wissen. Was wir tun können. Wie wir uns darauf einstellen können*. München: C.H. Beck 2012

Mira Gajevic: »Kein schöner Tod«, www.fr-online.de/politik/sterben-in-deutschland-kein-schoener-tod,1472596,20761946.html (01.11.12)

Wolfgang George/Eckhard Dommer/Viktor R. Szymczak (Hg.): *Sterben im Krankenhaus – Situationsbeschreibung, Zusammenhang, Empfehlungen*. Gießen: Psychosozial-Verlag 2013

Wolfgang George/Eckhard Dommer: »Sterbebedingungen in deutschen Krankenhäusern unter besonderer Berücksichtigung hessischer Einrichtungen«, S. 72, in: *Hessisches Ärzteblatt*, 2/2014, S. 72

Hospizkultur und Palliativversorgung in Pflegeeinrichtungen in Nordrhein-Westfalen; Umsetzungsmöglichkeiten für die Praxis, broschueren.nordrheinwestfalendirekt.de/broschuerenservice/pageflip/mgepa/hospizkultur-und-palliativversorgung-in-pflegeeinrichtungen-in-nordrhein-westfalen/1659#/4

Erich Kästner: *Zeitgenossen, haufenweise*, München: Hanser 1998, S. 254

ZQP-Bevölkerungsbefragung »Versorgung am Lebensende«, Durchführung: FORSA www.zqp.de/upload/content.000/id00382/attachment00.pdf

suite101.de/article/die-verdraengung-und-tabuisierung-des-todes-a86181 Vladimir Nagol, 2013

Zum Weiterlesen

Dörte Schipper: *Den Tagen mehr Leben geben*. Freiburg im Breisgau: Herder 2013

Verbraucherzentrale Hamburg: *Gut leben im Heim. Auswahl. Qualität. Einflussnahme*, www.vzhh.de/gesundheit/320521/gut-leben-im-heim.aspx (zur Einleitung konkreter Schritte)

6. Welche Möglichkeiten gibt es, Schmerzen zu lindern?

Helmut Bachmaier: »Der Sinn des Schmerzes«, www.senline.net

Gian Domenico Borasio: *Selbst bestimmt sterben. Was es bedeutet. Was uns daran hindert. Wie wir es erreichen können.* München: C.H. Beck 2014

Epikur: Brief an Menoikus, in: Josef M. Werle (Hg.): *Epikur für Zeitgenossen.* München: Goldmann 2002, S. 16

Malte Hossenfelder: *Epikur.* München: C.H. Beck 2006

Wilhelm Schmid: *Gelassenheit. Was wir gewinnen, wenn wir älter werden.* Frankfurt am Main: Insel

Rudolf Sponsel: Spiritualität. Eine psychologische Untersuchung 2006, de.wikipedia.org/wiki/Spiritualit%C3%A4 t

Zentrum für Qualität in der Pflege (ZQP): Ergebnisse der Befragung »Versorgung am Lebensende«, Oktober 2013, www.3sat.de/page/?source=/kulturzeit/themen/175713/index.html

7. Welche Worte, welche Rituale passen zu mir?

Christine Aguga: »Memory Book«, in: Henning Mankell: *Ich sterbe, aber die Erinnerung bleibt.* Wien: Paul Zsolnay 2004; siehe auch: www.memorybooks-film.de (Trailer)

Tatjana Kuschtewskaja: *»Hier liegt Freund Puschkin …« Spaziergänge auf russischen Friedhöfen.* Düsseldorf: Grupello 2006

Kurt Marti: *Leichenreden.* Zürich: Nagel & Kimche 1996 (Verfügung des Friseurmeisters Dällenbach auf S. 23)

Peter Strasser: *Die einfachen Dinge des Lebens.* Paderborn: Wilhelm Fink 2009

Zum Weiterlesen

Wolf Erlbruch: *Ente, Tod und Tulpe.* München: Antje Kunstmann 2007 (für Kinder ab 3 Jahren)

Ulf Nilsson/Eva Eriksson: *Die besten Begräbnisse der Welt.* Weinheim: Beltz & Gelberg 2013 (für Kinder ab 5 Jahren)

Héctor Wittwer: *Philosophie des Todes.* Stuttgart: Reclam 2009

8. Was soll mit meinem Körper passieren?

Erfahrungsbericht einer Organempfängerin: www.spiegel.de/schulspiegel/leben/organspende-reportage-ueber-eine-erfolgreiche-nieren-transplantation-a-850476.html

Zum Weiterlesen

David Wagner: Leben. Reinbek bei Hamburg: Rowohlt 2013 (Bericht einer Lebertransplantation)

9. Was soll mit meinen Dingen passieren?

Bundesministerium für Justiz: Broschüre »Erben und Vererben«
www.bmjv.de/SharedDocs/Downloads/DE/Broschueren/DE/Erben_und_Vererben.html?nn=1356310
Julia Friedrich, in: *Zeitmagazin* Nr. 11/2015, 18. März 2015
Joachim Rogge: »Ein Hund erbt Millionen samt Millionär«, in: *Augsburger Allgemeine*,
www.augsburger-allgemeine.de/panorama/Ein-Hund-erbt-Millionen-samt-Chauffeur-id8029536.html

10. Wie kann ich den Menschen, die mich lieben, die Trauer leichter machen?

Gitta Deutsch, zitiert nach: www.augenblicke-zwischen-leben-und-tod.de/t33f38
Vladimir Jankélévitch: *Der Tod*. Frankfurt am Main: Suhrkamp 2005
Astrid Lindgren: *Die Brüder Löwenherz*. Hamburg: Oetinger 1974
Rüdiger Hoffmann (Hg.): *Texte zur afrikanischen Philosophie*. Frankfurt am Main: Hirschgraben 1993 (Gedicht von Birago Diop: S. 57)

Zum Weiterlesen

Petra Franke: *Jede dunkle Nacht hat ein Ende. Ein Begleiter durch die Zeit der Trauer*. München: Gräfe und Unzer 2012
Erni Kutter: *Schwester Tod. Weibliche Trauerkultur – Abschiedsrituale, Gedenkbräuche, Erinnerungsfeste*. München: Kösel 2010
Nicole Rinder/Florian Rauch: *Das letzte Fest. Neue Wege und heilsame Rituale in der Zeit der Trauer*. München: Irisiana 2012